高等教学质量保障问题研究

邵东春　杜　英　著

吉林科学技术出版社

图书在版编目（CIP）数据

高等教学质量保障问题研究 / 邵东春，杜英著. --
长春：吉林科学技术出版社，2020.10
ISBN 978-7-5578-7545-9

Ⅰ. ①高… Ⅱ. ①邵… ②杜… Ⅲ. ①高等教育－教
育质量－保障体系－研究－中国 Ⅳ. ① G649.21

中国版本图书馆 CIP 数据核字（2020）第 200264 号

高等教学质量保障问题研究

著　　者	邵东春　杜　英
出 版 人	宛　霞
责任编辑	汪雪君
封面设计	薛一婷
制　　版	长春美印图文设计有限公司
开　　本	16
字　　数	200 千字
印　　张	9.25
版　　次	2020 年 10 月第 1 版
印　　次	2020 年 10 月第 1 次印刷
出　　版	吉林科学技术出版社
发　　行	吉林科学技术出版社
地　　址	长春净月高新区福祉大路 5788 号出版大厦 A 座
邮　　编	130118

发行部电话/传真　0431—81629529　　81629530　　81629531
　　　　　　　　　　　81629532　　81629533　　81629534

储运部电话　0431—86059116

编辑部电话　0431—81629520

印　　刷	北京宝莲鸿图科技有限公司
书　　号	ISBN 978-7-5578-7545-9
定　　价	40.00 元

前　言

教学质量是高校赖以生存的基础，它是确保高校培养优秀人才的有力保障，而高素质人才的培养需要具备一定的评价标准，其中教学质量监控成为关注的重点，有效的监控是高校稳定和提高教学质量的重要保证。

随着高等教育的不断深入，强化高校教学质量保障体系的构建就显得十分必要，不仅是推动我国现代教育发展的内在要求，而且也符合当代高校学生的实际发展情况。目前，很多高校对于构建高校教学质量保障体系并没有提起足够重视，其中部分学校在构建该体系的过程中出现了很多问题，例如教学质量监控不规范、教学质量评价体系不完善、教学质量保障机制仍存在很大弊端等等问题。而这些问题的持续存在，也在很大程度上影响了教学质量的提高，不利于学生的全面发展。

本书着重研究高等教学质量保障问题，首先概述了质量、教学质量、质量保障、高校教学质量保障等相关概念，然后分析了高校教学质量保障的发展演变、高校教学质量保障的要素构成、高校教学质量保障模式、高校教学过程质量保障以及高校教学质量保障体系相关内容，最后阐述了高等教学质量保障建设的战略以及高等教学质量保障建设的新课题，期望为我国高校的发展提供一些建议。

由于作者水平和经验的限制，不当之处在所难免，恳切希望广大读者和各位专家予以批评指正，以便今后进一步修改和完善。本书参考了一些同领域专家学者的研究成果，在此衷心地向他们的辛勤劳动表示感谢。

目　录

第一章　相关概念

第一节　质量

质量概念来自于物理学，"物体所含物质的多少叫作质量"，牛顿第二定律、万有引力定律使我们有了惯性质量和引力质量的概念，近代物理学把质量和物体的运动速度与物体的能量联系起来，扩展了质量概念的内涵。因此，质量已不单是物体所含物质多少的度量，它反映了物体的惯性、引力性、相对性和开放性。随着社会的发展、经济的进步，质量概念得到进一步地拓展，并被广泛运用。

一、多视角中的质量概念

（一）从语义学的角度看质量

在我国古代，开始并没有"质量"一词。"质"和"量"是分开使用的。根据《辞源》的解释，"质"有"本性""禀性""质朴"之意，"量"有"容量""度量""称量"之意。而随着时代的发展,在我国的语言习惯逐渐由单字词为主向双字词为主转变的过程中,"质"和"量"被合二为一，并继承了早期"质"的主要含义，成为今天的"质量"一词。

质与量一起构成事物的规定性。质是一事物区别于其他事物的一种内部规定性，是事物内部的特殊矛盾规定的。质与事物是同一的。量是事物存在的规模和发展的程度，是一种可以用数量来表示的规定性。一切事物都是质和量的辩证统一，事物的质以一定的量为自己存在的条件，事物的量又受其质的制约。

《辞海》对质量的解释是：①产品或工作的优劣程度。如：建筑质量、工程质量、教学质量。②量度物体惯性大小和引力作用强弱的物理量。最初作为"物质多少的量"引入，后来质量用物体所受外力和由此得到的加速度之比表示，这样定义的质量称为"惯性质量"。

《汉语词典》对质量的解释是：活动或工作的有效程度。

英语中质量的解释：英语"quality"一词源于拉丁文"quality"，指一给定实体（entity）的性质，基本上是价值无涉或是价值中立的。也就是说，质量只描述事实，不作价值判断或好坏区分，现代英语仍保留了"quality"这一词义。但是，现代英语对"quality"一词的词义做了进一步的扩展,还具有优质、高质量的含义,比如 quality education(高质量教育),quality production（优质产品）, 这里显然已经包括了价值判断。

（二）从哲学的角度看质量

按照哲学的观点,质量是一个相对的、发展的、动态的概念。它涉及价值论领域,与价值一样,质量概念也属关系范畴。判断质量的高低、有无,取决于客体本身的性质和特定主体的需要两个方面。所谓质量,实质上是对于事物的属性是否满足各主体的需要以及满足的程度如何所做出的价值判断。哲学的观点主张质量本质上指事物的内在规定性,是此事物区别于其他事物的根本属性。

质是使事物成为它自身并使该事物同其他事物相区别的内部规定性。质和事物的存在是直接同一的,特定的质就是特定的事物存在本身。这种直接同一有两方面的含义:一方面,事物是具有一定质的事物,不具有质的事物是没有的。另一方面,质是一定事物的质。离开特定事物的质也是没有的。事物的质的规定性,是多方面的。

量是事物存在和发展的规模、程度、速度以及事物构成因素在空间上的排列等可以用数量或形状表示的规定性。量的规定性和质的规定性不同,它与事物不是直接同一的。在一定的范围内,量的变化并不影响某物之为某物。事物的量的规定性,同样是多方面的。

区分事物的质是认识事物的开始,是认识事物的前提,而由质进到量,则是对事物质的认识的深化。

（三）从经济学的角度看质量

从经济学的投入—产出或者成本—效益分析出发来讨论质量,主要有"绩效质量"。弗雷泽、杰弗里、彼得等人从学校的投入和产出的纬度来考察,按照面向市场需要的原则,对价值主体进行策划和设计;并以绩效来理解系统的质量。绩效观强调主要依据投入、产出、成本等一些经济学指标来衡量和评价效益和质量。价值增值观主张以价值主体的"人口"和"出口"之间的"价值差"作为价值主体的质量标准。价值主体和价值客体的变化越大,价值增值就越多,质量就越好。

"质量"意味着能够满足顾客的需要,从而使顾客满意的那些产品特征。按照这种理解,质量的这一含义是收益导向的。这种高质量的目的旨在实现更高的顾客满意,人们期望以此来实现收益的增加。可是,提供更多或更好的质量特征常常要求增加投资,从而会导致成本的增加。就这种含义而言较高的质量通常意味着"花费更多"。

"质量"意味着免于不良——没有那些需要重复工作（返工）或会导致现场失效、顾客不满、顾客投诉等的差错。按照这种理解的质量含义是成本导向的,高质量通常会"花费更少"。

（四）从国际标准化组织的角度看质量

在国际上, 一般认为最流行的质量定义来自于国际标准化组织（International

Organization for Standardization，简称 ISO）。

国际标准化组织颁布的 ISO8402—86 标准，将质量定义为"产品或服务满足规定或潜在需要的特征和特性的总和"。产品质量就是产品所应该具有的符合人们需要的内在因素与外观形态的各种特性的综合。在有些资料或场合中，把质量定义为适用性、适应意图、符合需要或用户满意、优良程度等，现在看来，这些都不能对质量做出全面的解释。

国际标准化组织颁布的 ISO8402—94《质量管理和质量保证术语》中的质量定义，即质量是"反映实体（产品过程或活动等）满足明确和隐含的需要的能力的特性总和。"质量是一组特性，而不是单一的特性，具有综合性的特点，它不仅包括产品质量和服务质量，也包括它们形成和实现过程的工作质量。而"实体"是指可单独描述和研究的事物，可以是活动或过程、产品、组织、体系、人或他们的任何组合。这个定义较好地包含了产品的适用性和符合规定性的全部内容，从这个定义中还可以看出产品质量的优劣是用质量特性是否满足人们需要及满足需要的程度来衡量的。

国际标准化组织颁布的 ISO9000：2000《质量管理体系基本原理和术语》中的质量定义，即质量是"一组固有特性满足要求的程度"。质量是对主体需要的满足，是"适用"，它不仅要满足顾客的需要，还要满足社会的需要，使顾客、业主、职工、供应方和社会均受益。定义中"固有的"（其反义是赋予），是指在某物或某事物中本来就有的，尤其是那种永久的特性，包括产品的适用性、可信性、经济性、美观性和安全性，等等。"特性"是指"可区分的特征"。它可以是固有的或赋予的、定性的或定量的。定义中的"要求"是指："明示的、通常隐含的或必须履行的要求或期望。""明示的"可以理解为规定的要求，在文件中予以阐明。而通常隐含的则是指组织、顾客或其他相关方的惯例或一般的做法所考虑的要求或期望是不可言喻的。"要求"可由不同的相关方提出，可以是多方面的，特定要求可使用修饰词语表示，如产品要求、质量管理要求、顾客要求等。这一质量定义，充分体现了质量的新概念以及该术语的定义演进至今的结果。

我国国家标准 GB／T6583 中，将"质量"界定为："质量是产品、过程或服务满足规定或潜在要求（或需要）的特征和特性总和。"这一界定与国际标准化组织中的相关定义基本一致。

（五）从西方一些专家学者的角度看质量

西方一些专家学者，也从不同方面对质量提出自己的见解。

1.质量就是符合规格

代表人物是美国质量管理专家克劳斯比，他从生产者的角度出发，把质量概括为产品符合规定要求的程度。专业所用标准都给予定义和衡量，质的衡量才是可能和有实际意义的，而规格必须明确指出不产生误解，必须连续进行衡量和控制，以确定产品或服务符合既定的规格。

2. 质量就是适用性

世界著名的质量管理专家朱兰从用户的使用角度出发，把质量的定义概括为产品的"适用性"（fitness for use）。适用性是指产品使用过程中成功地满足用户目标的程度，它普遍适用于一切产品或服务。它是由产品的特性决定的，用户认为这些将是有益的。

3. 质量就是满足需求

代表人物是格鲁科克、菲根鲍姆、体哈特。格鲁科克指出，质量是指产品所有相关特性和特性符合用户需求的程度，用户需求受到他们愿意接受的价格和交货实践（交货方式）所限定。菲根鲍姆认为，产品或服务质量是指营销、设计、制造、维修中各种特性的综合体。借助于这综合体产品和服务在使用中就能满足顾客的期望。衡量质量的主要目的在于确定和评价产品或服务接近这一综合体的程度和水平。体哈特博士在 20 世纪 20 年代就对质量有过精辟的表述，他认为：质量兼有主观性的一面（顾客所期望的）和客观性的一面（独立于顾客期望的产品属性）；质量的一个重要度量指标是一定售价下的价值；质量必须由可测量的量化特性来反映，必须把潜在顾客的需求转化为特定产品和服务的可度量的特性，以满足市场需要。正是由于质量的主观性一面，质量的内涵是非常丰富的，而且随着顾客需求的变化而不断变化；同样正是由于质量的客观性一面，使得对质量进行科学的管理成为可能。

综上所述，所谓质量，实质上就是对于某一客体是否能够满足特定主体需要及其程度所做出的肯定性价值判断。质量的有无及高低，取决于客体本身的性状和特定的主体需要。

二、质量的本质分析

从以上国内外对质量的考察和研究我们可以看出，当今对"质量"本质的理解有以下两个方面。

（一）质量是客观性与主体需求的结合

一方面按照产品质量理论，国际标准化组织将"质量"定义为"一组固有特性满足需要的程度"。这种产品质量的固有特性是客观的。如适用性、可信性、经济性、美观性和安全性，等等。而产品的质量具有主体性，这一方面是指主体因素在产品中的内化，另一方面是指产品本身属性需要被顾客满足。因为主体是与客体相对应的范畴，它是指具有意识和能动性的人。主体性是人的根本属性，是在与客体相互作用中得到发展的人的自主、自觉、能动和创造的特性。因此，产品的质量即主体性的质量。主体性的质量体现了产品的属性被顾客所接受的特征，它是附着在主体身上的，不能与主体分离的。

另一方面质量作为实体的内在规定性具体表现为实体的一组特性，是实体的客观属性。因此，人们可以用客观的方法来了解和认识它。实体的这组特性不是独立存在的，而是在与主体的需要相结合后形成的，即实体是否满足主体需要的特性，因此，质量又是实体的价值属性。由于实体的价值属性是与价值主体的需要密切联系在一起的，价值主体的不同必然导致需要的不同，而同一主体在不同的时期，或同一时期的不同条件下也会表现出不同的需要，这就形成了同一实体不同的质量特性，此时必须在分析实体固有的特性和与之相连的价值主体需要的基础上才能了解和认识实体的质量特征。

由此可以看出，质量作为实体的客观特性，同时又必须以满足主体需要为目的，它是实体客观特性和主体需要的统一体，即质量是实体满足主体某种需要的特性的总和。

（二）质量是一种价值判断

从质量定义的历史发展可以看到，质量就是符合规格、满足需求、具有适用性。我们可以知道质量的价值判断是对各种价值的认识，它是一种有目的、有意识地对价值关系可能结果的预测活动。价值判断是主体通过理性的研究，判断价值关系可能结果的认识过程。价值是主体以自身的需要，即"自身内在的尺度"来看待客体属性对于满足主体需要所具有的意义。价值关系就是主体的需要、目的和客体的属性、功能之间的关系。人们的行为选择、物品选择基于人们对不同行为、不同物品的价值判断。价值判断是关于客体对主体意义的断言。价值判断所表达的是主体与客体之间的欲望、需要与满足程度的关系，价值判断也有高低之分。

纵观我们对质量的探讨，从中不难发现，质量指的是满足价值主体需要的程度，是一种肯定的价值判断和评价。质量是一种价值观，它随主体、客体、时间、地点、环境的不同而改变，它是动态的、发展的和多元的，难以统一和明确。如果仅仅用多元化、多样化来界定质量，那么质量的标准也会是模糊的。理论的模糊将导致实践的混乱，我们将无法确定质量的状态，无法判断质量的高低。质量是否满足了客体的需要，满足的程度如何，都受到质量观的制约和影响。

质量具有从属于价值主体的倾向。首先从价值的实质来看，价值的实质是客体的存在、属性及其变化同主体的尺度和需要相一致、相符合或接近。由此，不难看到，质量兼有主观性的一面和客观性的一面。具有了价值的实质所具有的性质和状态，那么就会形成价值的主客体关系。价值的客体即质量应该拥有从属于价值主体的倾向但又区别于价值主体，否则就不存在价值的主客体关系了。

其次从价值关系来看，价值关系是主客体关系中普遍的、基本的内容。人类的一切对象性活动都是人作为主体与客体相互作用的过程。在此作用中，人不仅仅受客体的作用和制约，而且必须有目的地按照人自己的尺度和需要去改造客体，使客体为主体服务，即通过作用于客体而获得价值。所以质的形成总是同主体性活动相联系。

从上面的分析中，我们看到质量是一种价值判断，中间有价值的形成、价值关系的产生。这种质量即价值客体有从属于价值主体的倾向，否则也无法形成肯定的价值判断和评价。

再次从价值标准来说，质量是相对于价值主体给定的个性化标准而言的，质量高低就看与标准的符合程度。这就使得质量具有相对性。因为不同的价值主体所要求的标准不一样，导致质量要求的多元化。但我们应该看到相对不同价值主体而产生的质量多元化，更多的还存在价值客体本身的质的规定性。

第二节　教学质量

一、教学质量和教育质量

"教学质量"是一个公认的难以界定的多维复合概念，一般认为它是一个由多种质量构成的质量集。迄今为止，在理论上尚未见到有关对"教学质量"的严格界定。有人说，教学质量是教学结果达成目标的程度；有人用预先决定的规格或标准来衡量教学质量，把教学质量理解为符合规格和达到标准。但是，给出统一的标准是不可能的。因为如果是最高标准，那么也许只有精英教育才可能算是有质量的，而大众教育很难达到标准；如果是最低标准，那么所有的教学都是有质量的，标准也就没有意义了。

那么，到底何为教学质量？所谓教学质量，可以从不同角度给予界定：第一，教学质量，是指教育所提供的成果或结果（即学生所获取的知识、技能和价值观）满足教育目标系统所规定标准的程度；第二，教学质量，是指学生获取的知识、技能及价值观与人类和环境的条件及需要相关的程度；第三，教学质量，是指在教学过程中，在一定的时间和条件下，学生的发展变化达到某一标准的程度，以及不同的公众对这种发展变化的满意度。

关于教育质量，瑞典教育家胡森（Husell.T）有过经典的论述。他认为，教育质量是"教育的产品，而不是指生产出这些产品的资源和过程"，是指"学校里进行某些教育活动的目标达到什么程度"。这种关于教育质量的论述，值得我们关注的有两点：一方面，与教育活动有关的质量主要体现在活动的最终结果或最终载体——"产品"（学生）上；另一方面，与教育活动有关的质量，是指目标的实现程度，即某种"标准"，是"希望达到的目的或目标"。这种对教育质量的诠释，突出点在于对教育活动结果给予了关注，不足之处在于忽略了教育工作过程质量。道理很简单，如果没有教育工作过程的质量，则无法保证教学结果的质量。换言之，教育质量应当既表现为教育产品的质量，也表现为教育工作过程的质量，而且教育工作过程质量是教育产品质量的根本保证。

综上所述，无论是教学质量还是教育质量，都关注教育活动目标最终实现的程度，强调教育活动所提供的成果或结果。因此，在我们看来，教学质量是教育质量的主要内容，提高高等教育质量，关键足要提高高校教学质量；保障高校教学质量，就是保障高等教育质量。

高等教学质量概念有狭义与广义之分。狭义的概念，主要体现在高等教学提供的人才产品和服务符合国家规定的教育方针的程度以及满足社会需要、为社会所做贡献的程度。

这是以高等教学最终产品——毕业生的标准及目标实现程度为依据。广义的概念，不仅体现在高等教学机构整个运转过程中满足内在规定性要求及目标达成的程度，而且还体现在人才培养、科学研究、社会服务三个方面满足社会需要的程度。即既以全面质量管理理念为指导，把教育质量看作一个贯穿整个教育过程的动态概念，又以高等教学的主要职能为指导，把高等教学质量视为一个多维性的概念。相应地，高等教学质量构成要素，也呈现出多维性、系统层次性的特点。

二、高等教学质量的概念

质量作为一个物理学概念被引进到教育学中来，其内涵发生了深刻的变化。高等教学质量作为描述高等教学状态的一个重要概念，我们有必要弄清楚它的基本定义。

（一）中外学者关于高等教学质量的定义

高等教学质量是一个多维的概念，不同国家和地区，不同的时期都会从不同的角度对它进行定义。

在国外，目前对"高等教学质量"概念的界定仍然是存在争议的。

瑞典学者胡森（Husen）认为，高等教学质量就是人们期望高等学校给学生带来的不仅仅局限在认识领域的变化。

美国学者塞姆尔（Seymour）认为，高等教学质量的指标主要意味着"丰富的资源"，包括较多的专业、巨大的图书馆藏、一定数量的知名学者等指标。

1996 年欧洲大学校长会议（KPE）公布的《制度评估：质量战略》中指出：第一，质量是一个政策性概念，其中反映出各国政府对影响高等教学的深刻的现代趋势的关注，并为此制定相关的政策与措施。第二，质量是一个多侧面的和主观的概念。高等教学过程的质量评估以分析不同的横断面和标准为前提。不同的当事人（大学全体教职员，用人单位和整个社会在内的"客户"，管理和法规方面的中间机构，政府）都拥有自己的质量标准。如果按某个单一标准作简单的名次排列，将无法获得令人信服的结论。标准不同，结论也就不同。评价质量既可以从实用的角度（质量评估的外部视角）出发，也可以采用与智力、专业知识、创造潜力有关的尺度（质量评估的内部视角）。两种视角有机结合，才能对高等教学做出由内到外的完整评估，偏向任何一方，均有可能失误。

艾斯丁（Astin，A.W.）认为，高等学校的质量是一个复杂的概念，至少有四种不同的含义：大学的声望等级、可得到的资助、学生成果和学生天赋的发展或增值。

英国学者格林（Diana Green）在《什么是高等教学的质量》一书中提出，高等教学质量可以从五个方面界定：其一属于传统的解释，把质量与提供独特而特殊的产品和服务联系在一起，隐含排他性的特点，如生津大学和剑桥大学的教育质量；其二则把质量与预定规格和标准的一致性作为依据，依此使不同类型的院校可能设定不同的质量标准；其三强调以高校达到目的的程度为标准，把判断质量的尺度定义为是否符合标准；其四把质量定义在实现高校办学目标的有效性上，具体标准是以高校是否具有明确的办学理念和使命的表述为特征；其五把质量定义为以高校能否满足消费者规定的和潜在的需要。

莫迪（Moodie，G.C.）指出：人们常用的高等教学质量一词有三种不同的含义：一是指特殊的或合理的高标准；二是指高等教学的"类型"或特点；三是在一种相对的含义上作为某种"卓越"的同义词。

与国外相比，国内对高等教学质量的研究起步较晚。关于高等教学质量概念的定义主要散见于一些学者的文章中，下面简要介绍其中几个具有代表性的观点。

李福华认为：高等教学质量是"一个'三维'的概念"，它"至少包含三个重要组成部分，即教学和人才培养质量、科学研究质量、社会服务质量"。"高等教学的质量是高等教学满足主体需要的程度，是一种价值判断和评价"。

余小波认为：高等教学质量的含义可以概括为高等教学产品和服务所具有的高效性、人文性和调适性在满足社会和学生发展以及高等教学系统自身有序运转方面要求的程度。

李志仁认为：高等教学质量是高等教学机构在遵循教育自身规律与科学发展逻辑基础上，在既定的社会条件下，培养的学生、创造的知识以及提供的服务满足现在和未来的社会需要和学生个性发展需要的充分程度。

彭未名认为：所谓高等教学质量，是指高等教学机体在运转、发展过程中满足其自身特定的内在规定要求与社会的外在规定需要的一切特性的总和，它是内适性需要与外适性需要、内在的认识论质量与外部的政治论质量的有机融合与统一。

朱湘虹指出：高等教学质量"是指高等教学系统满足社会需要的程度，不仅包括学生的质量、教师的质量、教学与科学技术研究的质量，还包括社会对教育产品——学生的满意程度，对科研成果转化为生产力的满意程度。"

（二）高等教学质量的概念界定

纵观中外学者对高等教学质量的定义，可见高等教学质量不能从某一方面来加以定义，而是应该将其放在一个全面的社会背景并结合高等教学自身的特点来定义。

我们认为：高等教学质量是指高等教学机构在既定的社会条件下，人才培养、科研、社会服务符合学校教育目标，满足现在和潜在社会发展与学生个体发展需要的程度，以及教育活动及其产品的内适应和外适应的统一程度。具体地说，包括以下两个方面。

1. 高等教学目标达成与需要满足的统一

首先，教育质量是指某种"标准"，它是"希望达到的目的或目标"或"某种预期状况或水平"。从管理的角度来看，人们对教育的预期需要必须转化为能够操作的要素，其中最主要的就是教育目的或目标。高等教学具有公认的人才培养、科研、社会服务三大功能，衡量其目标的达成就要看学校教育目标的制定是否符合这三大功能和学校教育目标的完成程度。

其次，只有满足高等教学"客户"需求的高等教学活动及其结果才能称得上是有质量的。这是因为仅仅达到预设的目标还不够，目标的适宜性还有待于消费者的检验。否则，某一产品即使达到了预设的标准，但如果不能满足消费者的需要，那么它也只是"合格的废品"，而谈不上质量。高等教学的"客户"是多方面的，既包括国家、社会和用人单位，也包括受教育者本身（学生）及家长等，他们的满意程度也是衡量高等教学质量的一个重要方面。高等教学只关注其内在教育质量而忽视其"客户"的满意程度是不行的，这样的高等教学产品是没有实用价值的。所以在学校目标的制定和完成过程中应考虑到现在和潜在社会发展的需要以及学生个体发展的需要。学校应根据社会发展的需要合理地设立学科，针对学生的不同特点采取因材施教的教学方法。

高等教学的目标达成和需要满足是统一的，只有目标达成程度和需要满足程度都高的教育才称得上是高质量的高等教学。因此，高等教学质量是高等教学目标达成和需要满足的统一。

2. 高等教学活动及其产品的内适应和外适应的统一

高等教学质量的内适性即高等教学的内在适应性，是指高等教学的各种活动及其产品符合高等教学客观规律、学科发展的内在逻辑及办学定位的程度。它要求我们在衡量和评价高等教学质量时，要看高等教学的各种活动是否遵循高等教学的客观规律，是否符合学科发展的内在逻辑，是否与办学定位（包括办学层次定位、学校类型定位、培养目标定位、服务面向定位等）相一致。这是保持高等教学"独立人格"和健康发展的前提。高等教学质量的外适性（也称适合性或适切性）即高等教学的外在适应性，是指高等教学的各种活动及其产品适合或切合国家、社会及用人单位等方面需要的程度。它是针对高等教学的外部需要而言的。高等教学不能深居象牙塔闭门造车、孤芳自赏，它的活动及其产品必须适合或切合国家、社会及用人单位等方面的需要，只有这样才能得到各方面的认可，才是有价值的。人们衡量和评价高等教学的质量主要也是以此为依据和标准的。

高等教学质量的内适性与外适性是相辅相成的，二者不可偏废。内适性是外适性的前提和条件，没有内适性，国家、社会及用人单位等方面的需要就不能得到有效的满足；外适性是内适性的外在反映和表现，即内适性是通过外适性表现出来的，没有外适性，高等教学的各种活动及其产品就失去了意义和价值，就会变得盲目。内适性是以外适性为目标并为外适性服务的，外适性是以内适性为依据和依托的。内适性是外适性的源泉，外适性是内适性的动力。二者应达到有机的结合和高度的统一，这是高等教学质量的实质所在，唯有如此，才是真正高质量的高等教学。

三、高等教学质量的构成要素

高等教学是一个十分复杂的系统，表现出来的质量同样十分复杂。厘清高等教学质量的概念以后，接下来就要运用系统方法分析高等教学质量的构成要素。

（一）高等教学质量要素的相关研究

很多学者从不同的角度对高等教学质量构成要素提出了自己的看法。

周川等人提出了高等教学的全面质量的观点，他们认为，从最基本的因素分析，高等教学的全面质量至少应从以下几个维度衡量：第一，教育目标的质量——目标的合理性，高等学校培养目标与办学层次的一致性；第二，教育过程的质量——包括专业与课程的质量，教学秩序、教学环节的实施水平，师资队伍的合理结构，高等学校管理人员的素养与管理水平；第三，教育制度的质量——高等教学制度的先进性与科学性，管理机构的精干有效，符合高等教学的发展规律；第四，教育设施的质量——高等学校校舍、设施的齐备与先进，教育教学手段的现代化程度；第五，也是最重要的一个维度，教育产品的质量——高等学校毕业生在思想品德、专门知识与技能、科学方法与能力、综合文化修养等方面达到的水平，高等学校培养的人才在经济社会生活中所起的作用。

陈威认为，高等教学质量主要包括两个方面：一是人才质量。二是高等教学体系的质量，包括高等教学机构的组织、过程、程序、资源、管理。高等教学质量的相关参量可以简化为：组织化的高等学校举办者、办学者、管理者、教育者、受教育者、毕业生聘用者的整体；相互联系的教育思想、课程体系、教学内容、教学方法、教学资源、教学管理体制运行机制，教学环境的集合；教育理论，经济体制、政治体制、科技体制、劳动人事制度、运行机制、教育资源配置方式，教育宏观调控方式的综合。

余小波从三个方面分析了高等教学质量的外延。从纵向过程来看，高等教学质量分为教育投入质量、过程质量和产出质量。从横向范围来看，高等教学质量包括了人才培养质量、科学研究质量和社会服务质量。从内在教育活动来看，高等教学质量包括了教学质量、管理质量和服务质量。

研究发展中国家教育的西方学者毕比（Beeby, C.E.）认为，高等教学质量应包括三种水平的质量。第一水平，即最简单的水平，可叫作"课堂概念中的质量"，是对知识和基本技能的掌握，是校长眼中的教育质量。第二水平，即较复杂的水平，可以叫作"市场概念中的质量"，这是经济学家眼中的教育质量。第三水平，可以叫作社会的个人判断中的教育质量，根据个人、子女、部落、国家设立的最终目标判断。

（二）高等教学质量的构成

高等教学质量要素呈现为系统化层次结构。上一层次的教育质量要素系统由下一层次若干子系统构成，而每一个分支系统又由构成分支系统的子系统组成。从高等教学的基本职能视角看，高等教学质量由人才培养质量、科研质量、社会服务质量等要素构成。

（1）人才培养质量。人才培养质量由投入质量、培养过程质量、产出质量等要素构成。投入质量由生源质量、师资质量、条件质量要素构成；培养过程质量由人才培养的目标系统要素构成，包括教育目的质量，培养规格质量，课程教学质量，教学环节质量及过程管理质量等要素；产出质量由毕业生质量、教育培训质量等质量要素构成。

（2）科研质量。科研质量由科技投入、科技产出、科技效益质量要素构成，还可细分。如：科研投入质量又可分为人员、基地、项目、经费投入等质量要素构成等。

（3）社会服务质量。社会服务质量由成果转化、咨询服务、孵化企业等质量要素构成。

四、高等教学质量的层次标准

质量标准按照《教育大辞典》的分类有两层标准。第一层次标准是教育目的的质量标准，第二层次标准是高等教学培养目标标准。我国的教育目的是培养德、智、体、美全面发展的社会主义建设者与接班人，这个标准是各级各类学校的共性标准。而高等教学培养目标是培养各种各样的专门人才。我们认为，由于高等教学质量构成要素呈现出系统化层次结构，因而高等教学质量标准也呈现出系统化多层次、多元化结构。教育培养目标又受教育价值取向的制约，有什么样的价值取向，就有什么样的教育质量标准。因此，下面我们从教育价值取向、教育培养目标、人才培养规格到实现人才培养目标的培养过程的质量标准进行分析讨论。

（一）教育价值取向

教育质量是人才培养的价值追求。纵观人类社会几千年的教育发展史，一定的教育背后总是蕴藏着特定的价值取向。它是人们用以指导高等教学沿着特定路线发展的"纲"。无论是培养的教育产品或提供的教育服务，总是打上了深深的时代烙印，它们必须符合时代的主流价值取向，从而让人们明确其教育质量标准。以下几种价值取向对高等教学的发展产生了深远的影响。

1.学术至上

所谓学术至上，就是根据高等学校或高等教学本身的学术规范和基本价值来建立高等教学的质量标准，特别是一批具有悠久历史和优良传统的学校，在发展高等教学的过程中非常强调高等教学自身的规范和学术价值及学校的传统。捍卫学术价值和学术取向一直是这类精英高等教学的宗旨，在教育目标、办学标准、学科评价标准、课程设置、生源选拔方面都要确保这种价值取向的落实，这类学校人才培养的质量偏重于理论和学术。在这样的价值体系中，不管市场、商品、利益如何冲击，它们依然坚守学术的圣土，追求纯粹的学术价值，以传授高深学问、培养思想家和科学家为己任。

2.服务社会

所谓社会取向是根据社会政治、经济、文化等的发展需要，特别是劳动力市场的要求，根据接受高等教学者的要求来实现高等教学的质量管理。最早提出教育为社会服务理念的，是美国威斯康星州立大学校长查尔斯·范海斯。威斯康星大学开创的大学直接为社会服务的办学理念，被后人称之为"威斯康星思想"。按照服务社会取向，我国的高等学校应根据我国当今经济社会发展，尤其是相关产业和行业对专门人才的实际需求，加强紧缺人才培养工作。市场经济的发展，使得高等教学与劳动力市场、社会联系越来越密切，高校扩招、大学毕业生就业问题日益突出也使得高等教学发展必须在满足社会要求的同时，切实考虑毕业生的个人愿望与需求。这两方面都要成为高等教学的价值追求。现代社会分工的进一步细化和专业化以及就业方式的快速变化，进一步促进了高等教学与生产部门的密切联系，强化了高等学校的职业教育职能。教育必须为社会经济政治需要服务，必须促进社会生产的发展和生活水平的提高，逐步成为高等教学的主导方向。

3.综合价值

综合价值观认为高等教学质量标准应是学术、社会、人文三种取向的有机统一，人文取向对社会取向进行必要的矫正和补充。高等教学质量的人文取向是指满足人自由全面发展需要，尤其是满足整个人类社会改善生存状态、全面进步需要的程度，强调高等教学对社会的前瞻性、引导性。"离开学术取向的高等教学质量观，会被社会牵着鼻子走，有悖于高等教学的本质；离开社会取向的高等教学质量观，只会坚守自己的传统标准，保守而缺乏生机与活力，会失去公众和社会的支持；而离开人文取向的高等教学质量观，则会使高等教学变得短视和急功近利，失去理想主义激情，丧失其可贵的对社会和个人的引导功能。"潘懋元说过，高等教学大众化的发展前提是多样化，多样化的高等教学要有多样化的培养目标和规格，从而也应当有多样化的教育质量标准。

（二）培养目标

《中共中央关于教育体制改革的决定》中明确规定，"高等学校担负着培养高级专门人才和发展科学技术文化的重要任务"。培养的人才"都应该有理想、有道德、有文化、有纪律，热爱社会主义祖国和社会主义事业，具有为国家富强和人民富裕而艰苦奋斗的献身精神，都应不断追求新知，具有实事求是、独立思考、勇于创造的科学精神"。《高等教学法》第五条明文规定："高等教学的任务是培养具有创新精神和实践能力的高级专门人才。"由此可见，高等教学从事的是培养高级专门人才的活动，但同时对这种高级专门人才提出了要求：具有坚定的创新精神和较高的实践能力。这既是对新时期人才要求的全面概括，也是对高等学校学生培养目标的基本要求，它要求我们从单纯的智育观中摆脱出来，杜绝高分低能的现象，用德、智、体、美来全面衡量我们培养的学生，使他们成为社会主义祖国的栋梁之材。这就要求高等学校在制定落实培养目标的具体措施时，要注意学生的整体发展和个性张扬。

这一培养目标是依据国家的教育目的和各级各类学校的性质、任务提出的具体培养要求，它是分层次的。专业培养目标规定毕业生在知识、技能、一般能力、个人品质等方面应达到的要求。它是制订专业培养计划、设置课程、安排各科教学环节的基本依据，也是评价专业人才培养质量的重要标准。所以，我们评价本科生教育质量，应以本科生的专业培养目标为依据。

1. 人才培养目标设计的指导思想

高等教学的总体目标是培养高级专门人才，高级专门人才是一种复合概念，具有多层次的含义。

其一，高等教学同其他各级各类教育一样其培养的对象是人，作为人的培养，其根本任务是促进人的全面发展，使受教育者具备德、智、体、美诸方面的基本素质。

其二，高等教学培养的是专门人才。使受教育者具备从事专业工作的知识、能力、职业道德等专业素质，是社会职业分化与科学技术学科分化的客观需要，是专门人才的本质要求，也是高等教学的本质特征之一。

其三，高等教学培养的是专门人才中的高级专门人才。所谓高级，不仅是在人品与学问上能达到较高的水平，更重要的是要具有创新精神、科研能力等创造素质。从宏观上讲创造性劳动是对所有人才的普遍要求，而作为高级专门人才，理应成为社会创新人才的主体。

高级专门人才的全面性、专业性、创造性既是相互渗透的，又是一种纵向提升的关系。全面性是专业性的基础，专业性是在全面性基础上的定向发展，而创造性的培养既渗透于全面性与专业性之中，又是全面性与专业性最佳结合的产物与最高表现，由此构成三者有机联系的整体。

全面理解高级专门人才的内涵，正确处理全面性、专业性、创造性三者的关系，坚持三者的统一，是高等教学目标设计的根本指导思想，任何片面的理解，都会使高等教学目标偏离正确的方向，使教育实践偏离正确的轨道，从而对高等教学质量产生负面影响。

2. 不同类型高校本科人才培养目标

高等学校是具体实施高等教学的机构，各高校由于办学条件、师资结构和水平，服务面向、生源质量等方面存在差异，决定了它们的培养目标也各不相同。和飞认为，重点（研究型）大学的培养目标应该是"学术兼容，尊学为主"。研究型大学是我国保持国际竞争力、实现民族振兴的重要战略资源，理应成为我国经济发展的"加速器"、社会进步的"推动机"和政府决策的"思想库"。这样的大学，因其学科齐全、师资力量雄厚、生源一流，应当成为培养社会精英人才的主要基地；在科学研究上，应当成为原创性成果的重要源泉；在社会服务方面，应当成为科学技术成果向现实生产力转化的重要力量；普通（教学型）高校的培养目标应该是"学术并举，崇术为上"。教学型普通高校是我国大学群体中的多数。这样的大学，在人才培养方面应全力承担起高教大众化乃至普及化的重要任务，为经济建设和社会发展培养生产、建设、管理、服务第一线的应用型高级专门人才；在科学研究上应以应用研究为主，主动承接基础研究的成果，实现向物质形态的转化；在社会服务方面，应尽可能贴近地方经济社会发展的需要，为地方做出切实的贡献，让当地人民充分享受大学所带来的成果。

研究型大学本科教育培养目标，是培养具有本专业较宽厚的基础理论、专业知识和基本技能，具有从事本专业工作和初步的科学研究能力的高级专门人才。"一流本科"人才培养质量要着力提高创新性，培养高素质的拔尖创新人才是研究型大学培养目标。一般高校，高等工程教育的本科教育培养目标，是培养适应社会主义现代化建设需要的、德智体美全面发展的、获得工程师基本训练、具有创新能力的高级工程科技人才，大量的是培养应用型人才。例如，计算机网络技术专业主要培养具有计算机网络系统集成、维护、管理、网络应用系统及程序设计等工作能力具有创新能力的应用型高级技术人才；机械设计制造及自动化专业培养具有机械设计、制造、自动化、计算机的基本知识与应用能力，能从事机械工程及自动化领域的机电产品的设计、制造、科技开发、应用研究和运行管理等方面工作的高级应用型工程技术人才；自动化专业培养具有电工技术、电子技术、自动控制技术领域的基本知识与应用能力，能在过程控制系统、运动控制系统、计算机控制系统等领域从事电气信息系统分析、设计、运行和维护等方面工作的高级应用型工程技术人才。

（三）培养规格

1. 确定人才培养规格的原则

关于人才培养规格，李志义认为，高等学校就像一个产品加工厂，招生部门将"原料"（新生）按一定标准"采购"进来，学校按既定的"加工工艺"（培养模式），通过一定"加工工序"（教学环节等），将这些原材料加工成"产品"（毕业生），就业部门再将这些产品"销售"出去，从而完成人才培养的全过程。那么，学校加工出的产品应该具有什么形态？是毛坯、零件，还是留有一定加工余量的半成品？这是一个关于人才培养规格的问题。众所周知，社会需要的人才是多种规格的。我国高校的人才培养规格受苏联的影响，长期以来基本上是专才教育。这种模式下培养出来的毕业生，在我国工业化水平较低及计划经济条件下，为保证我国国民经济的快速健康发展起到了不可低估的作用。随着我国社会、经济和科学技术的快速进步与发展，"专才"教育的缺陷日益凸现，人才培养规格已成为高等教育教学改革的热点之一。"人才规格不同，其实质就是知识、能力结构的不同。一般来说，研究型人才的知识能力结构，要求对其基础理论和数学知识掌握得更系统、更深厚，要求实验能力更强；而应用型人才，主要是综合运用基础理论和应用研究的成果来解决具体的实际问题，其知识能力结构是'综合式'、'集成式'的。"在新的教育思想的引领下，强化以加工"毛坯"为目标的"通才"教育和以留有一定加工余量的"半成品"为目标的"具有一定专长的通识教育"等理念，并努力地将其推向实践层面具有很强的现实意义。

人才培养规格的改革要与社会的继续教育水平相适应。社会、企业对大学毕业生的期望一是"能用"，二是"好用"。这就要求高校人才培养既要"产销对路"，又要"质量上乘"。技术的进步和经济的发展，使专业各部分之间的联系密切，而专业方向更加细化。因此，社会需要专业人才具有"面上宽、点上专"的知识结构，他们应该能够解决综合性的专业难题，而不是普遍性的专业问题。用人单位期待的是某一专业方向的"行家"。但实际上在象牙塔里想培养出这种专家来根本不可能，这既是由学校的大环境决定的，也是由于学校的硬件和企业相比有着较大的差距。虽然每年的大学生挑战杯、创新杯会有大批的科技成果出来，但真正能转化成现实生产力的不多。这样，在人才的供求之间就形成了一个差距，而且这个差距在不断地扩大。弥补这个差距的主要途径是社会的继续教育，通过建立企业大学，企业的再教育使高校毕业生完成质变，适合企业的需要。实际情况是在我国目前这样的培训体系还很不健全。社会把对人才的所有期望都寄托于高等学校，用人单位也没有形成与市场经济相适应的人力资源管理体制，在很大程度上尚未摆脱计划经济体制下的用人观念，希望高校毕业生"来之能战，战之能胜"。在我国现阶段，照搬西方发达国家的通才教育无法适应用人单位的特殊要求，从而造成人才培养的极大浪费。因此，在确定人才培养规格时，既不能继续加工"零件"，也不可追求"毛坯"，而是要按照社会的"再加工"能力，加工出留有一定加工余量的"半成品"，由用人单位根据特殊的岗位需要进行适当的"精加工"。

在确定高等教学质量标准的时候，要以新世纪需要的高素质的创造型人才为目标建立新的质量标准。

2. 不同学科、层次人才培养规格

（1）不同学科人才培养规格不同。文科、理工科、医科人才业务培养规格，就智育而言有着不同的规格要求。

文科人才包括人文科学专门人才，如文学、史学、教育学等，也包括社会科学各学科专门人才，如法学、政治学、经济学等。文科人才应具有深厚的马克思主义政治理论功底，具有较深厚的基础理论和较宽的知识面的博约结合型的学科专业综合素质以及一定的科学技术知识，具有知识、理论的创新素质以及理论联系实际的能力。

理工科包括理科和工科。理工科人才应具备宽广的自然科学理论基础，科学技术知识面广，具有较强的实际应用能力，鲜明的创新素质以及较高的人文素质。

医科人才随着医学的发展，医学模式、卫生服务方式正在发生重大转变。又由于医学学科具有自然科学和社会科学的双重属性，并对从业人员的职业道德、临床实践能力等均有特殊要求，所以医学人才应具有较高水准的职业道德素质和广博的自然科学基础知识，熟练掌握基础医学、临床医学、预防医学、康复医学和医学人文科学知识，具有较强的医药卫生服务的综合能力与实际工作能力及创新精神。

（2）不同层次类型学校人才培养规格不同。第一，高水平大学本科教育的人才培养规格质量标准是：

①坚定地走中国特色社会主义道路，了解中国特色社会主义理论体系，以社会主义核心价值体系为指导，树立正确的世界观、人生观、价值观，有责任心和民族精神；

②热爱祖国，热爱社会主义社会，全心全意为人民服务，要为中国特色社会主义建设事业做贡献；

③有健康的体魄和良好的心理素质；

④具有比较扎实的本专业的理论基础和相关学科的基础知识，有完整的学科体系和学科的知识结构，有一定的应用能力和创造潜能；

⑤具有较多的人文知识，较高的人文素养、人文精神和科学素质、科学精神，具有良好的思维品质，具有健全的人格，鲜明的个性；

⑥具有较高的外语水平，能顺利阅读本专业的文献，有一般的国际语言交流和会话的能力；

⑦具备较熟练的计算机的应用能力，有初步的计算机程序设计能力；

⑧具有问题意识、批判意识和实践能力，具有初步的科学研究能力和创新能力；

⑨学会认知，学会关爱，学会自主学习，为继续学习，终身学习奠定基础，具有可持续发展能力；

⑩具有与他人协作和进行国际交往的能力，有较好的社交能力。

总之，高水平大学的本科生毕业应成为有知识、有文化、有智慧、有能力、有责任心、有创新能力的社会主义建设者和接班人。学校应随着社会环境的变化，定期进行检查评估，并适时对质量评价标准进行调整，使之与时俱进，适应新的要求。

第二，一般大学本科教育工科人才培养规格业务质量标准是：

①具有较扎实的自然科学基础知识，较好的人文、艺术和社会科学基础知识及正确运用本国语言、文字表达能力。

②系统地掌握相应专业领域的基础理论与技术理论知识。

③具有相应专业必需的基本专业技能。

④掌握相应专业领域的专业知识，具有从事本专业工作的基本能力。

⑤掌握文献检索、资料查询的基本方法，了解学科前沿及发展动态。

⑥具有较强的自学能力和创新意识。

⑦初步掌握一门外国语，能阅读本专业外文书籍，具有一定的外语口头和书面交流的能力。

3. 人才培养规格的具体结构

理工科本科人才培养规格包括素质结构、能力结构、知识结构。

（1）素质结构。包括思想道德素质（政治素质、思想素质、道德品质、法制意识、诚信意识、团队意识）、文化素质（文化素养、文学艺术修养、现代意识、人际交往意识）、专业素质（科学素质、工程素质）、身心素质（身体素质、心理素质）。

（2）能力结构。包括获取知识的能力（自学能力、表达能力、社交能力、计算机及信息技术应用能力）、应用知识的能力（综合应用知识解决问题的能力、综合实验能力、工程实践能力、工程综合能力）、创新能力（创新思维能力、创新实际能力、科技开发能力、科研研究能力）。

（3）知识结构。包括工具性知识（外语、计算机及信息技术应用、文献检索、方法论、科技方法、科技写作等）、人文社科知识（文学、历史学、哲学、思想道德、政治学、艺术、法学、社会学、心理学等）、自然科学知识（数学、物理、化学、生命科学、地球科学等）、工程技术知识（工程制图、机械学、电工电子学、工程原理、工程环境等）、经济管理知识（经济学、管理学等）、专业知识（专业主干学科科学基础知识与工程专业方向知识等）。

（四）人才培养目标实现过程的质量标准

人才培养目标及其培养规格是培养目标质量标准的规定性，而人才培养目标质量标准的实现，还需要有目标实现过程的质量标准系统作保障。

1. 人才培养过程的专项质量标准

首先是人才培养方案或培养计划的质量标准是否反映学校的定位、人才培养目标。再则有专业建设质量标准、课程建设质量标准、课堂教学质量标准、院系教学管理质量标准、学风建设质量标准等。这是评价教学质量的依据。

2. 主要教学环节质量标准

其一是理论教学环节质量标准，包括课程教学大纲的编制、教材选用、教学进度计划编写、教案、课堂讨论、辅导答疑、作业批改、课程考试与成绩评定等教学环节的质量标准。并且课程考试环节还可细分为命题制卷、考场监控、阅卷评分、试卷分析和试卷归档等环节的质量标准。阅卷评分又可细分为判分、计分、统分的质量标准。其二是实践教学环节的质量标准，包括实验教学、实习、课程设计或课程论文、毕业设计（论文）、学生创新实践活动等教学环节的质量标准。

第三节　质量保障

在界定高等教学质量保证之前，需要厘清质量、高等教学质量、质量保证等相关概念。本书遵循高等教学质量——质量保证——高等教学质量保证的思维线索对高等教学质量保证的内涵展开讨论。

质量保障（quality assurance，也译为"质量保证"），系质量管理学里的一个概念，20世纪80年代中期引入高等教学领域。因此，要明确高等教学质量保证的内涵，有必要首先弄清楚质量保证的含义。

质量保障（quality assurance）是质量管理的一部分，是"质量管理中致力于对达到质量要求提供信任的部分"（ISO 9000：2000-3.2.1 1）。更具体地说，它是指为提供某实体能满足质量要求的适当信赖程度，在质量体系内所实施的，并按需要进行证实的全部有策划的和系统的活动。

由质量保证的定义可知，"质量保证"已经不是一般意义上的"保证质量"，它已成为一个具有特定内涵的专有名词。其基本思想强调对用户负责，其思路是：为了使用户或其他相关方能够确信组织的产品、过程和体系的质量能够满足规定的要求，就必须提供充分的证据，用以证明组织有足够的能力满足相应的质量要求。其中所提供的证据应包括测定证据和管理证据。为了提供这种"证据"，组织必须开展有计划、有系统的活动。质量保证的主要工作是通过进一步完善组织的质量管理，加强产品质量控制，以便准备客观证据表明组织具有满足用户质量要求的实力，并根据用户要求有计划、有步骤地开展提供证据的活动。

质量保障分为内部质量保证和外部质量保证。内部质量保证是为了使组织领导确信本组织提供的产品或服务能够满足质量要求所进行的活动。外部质量保证是为了使用户确信本组织提供的产品或服务等能够满足质量要求所进行的活动。

为了进一步明确质量保证的内涵，我们还有必要厘清"质量管理"、"质量控制"等与质量保证有紧密联系的几个概念及其相互关系。

质量管理（quality management，简称QM）是对确定和达到质量所必需的全部职能和活动的管理。它包括质量方针目标的制订及其组织实施。从纵向看，质量管理包括质量方针、质量目标以及为实现质量目标和方针的质量体系；从横向看，质量管理包括质量计划、质量控制和质量改进。

质量保证（quality assurance，简称QA）是指为使人们确信某一产品、过程或服务的质量所必需的全部有计划、有组织的活动。这种活动的标志或结果就是提供"证据"，以确保用户和消费者对质量的信任。因此，严格说来，质量保证是对外而不是对内使用的。

质量控制（quality control，简称QC）是为保持某一产品、过程或服务的质量所采取的作业技术或有关活动。一般指为保证产品质量达到规定水平所使用的方法和手段的总称。它是在企业内部使用的，属于QM的组成部分。

质量体系（quality system，简称QS），是指实施质量管理的组织结构职责程序、过程和资源。它是质量管理的核心，应当是组织机构、职责、程序之类的管理能力和资源（包括人力智力和技术装备）能力的综合体。

质量管理、质量控制、质量保证、质量体系四个概念的相互关系，质量管理是一个大范畴的概念，其含义是质量方针。

质量体系应首先落实质量管理的组织结构。质量体系包含质量形成全过程的控制和内部质量保证两个方面。质量控制主要是为达到质量要求所采取的作业技术和活动。内部质量保证主要为了取得管理者的信任质量控制和质量保证之间用虚S形表示，表明两者间没有截然的界限，而是互相联系、互相补充和互相制约的。

第四节　高校教学质量保障

一、高等教学质量保障概念

高等教学质量保证的概念源于质量管理学。由于与企业管理相比，高等教学管理具有其特殊性，加之学界对高等教学质量保证问题的研究历史不长，因此目前国内外学界对高等教学质量保证的认识与理解也尚未达成统一。

英国学者弗雷泽（Malcolm Frazer）认为，质量保证包括四个基本部分①：①组织中的所有成员都对保持产品或服务的质量负责；②组织中的所有成员都对提高产品或服务的质量负责；③组织中的所有成员都能理解、使用并感受到质量得以保持和提高的质量体系的存在；④管理部门、消费者或用户定期检查质量系统的合理性和可行性。弗雷泽认为，如果将质量保证引入大学，那么大学就是一个由学生、教师、教辅人员及高级管理者组成的、具有自我批评特质的团体，其中每个人都投身并致力于持续提高质量。弗雷泽虽然没有直接界定什么是高等教学质量保证，但他强调全员参与、质量责任、自我评价与反思以及质量改进。

澳大利亚学者哈曼（Grant Harman）认为，高等教学质量保证主要是为高等学校以外的人提供担保和证据，使他们确信高等学校有严格的质量管理过程，而不必担心教学质量和毕业生质量。

另一位澳洲学者大卫·李（David Lim）对高等教学质量保证的界定更为简洁：高等教学质量保证旨在确保高等教学质量得到保持和提高的所有的政策和过程（policies and processes）。

美国高等教学认证委员会（CHEA）的定义是：为了确定公认的教育、学术和设施标准得到保持与提高而对高等院校或专业进行的有计划的、系统的评审（review）过程。

由此可见，不同国家或地区、不同的学者对高等教学质量保证的理解是存在差异的。综合已有的研究，本书将高等教学质量保证界定为：旨在保持和改进高等教学质量，并为高等教学利益关系人提供质量证明和担保的所有政策与过程。对这一概念，可以从以下几个方面来理解与把握：首先，高等教学质量保证的主要目的在于两个方面：一是促进质量的保持和提高，二是向政府、雇主、学生及其家长等众多的高等教学利益关系人提供质量证据，证明高等教学机构提供的产品和服务的质量是可以信赖的，增强他们对高等教学质量的信心；其次，为了达到上述目的，必须通过一系列的特定政策和过程，如设立质量保证机构、制定质量标准、确立评估的方法和程序，等等。

从"高等教学质量管理"到"高等教学质量保证"并非概念的简单转换，而是一种管理理念的变革与创新。"高等教学质量保证"不仅仅是"保证质量",而是蕴含着丰富的理念。正因如此,"质量保证"思想自 20 世纪 80 年代被引人高等教学领域以来,迅速得到世界各国的认可和推广。具体而言,与传统的质量管理相比,质量保证的理念创新主要体现在以下几个方面。

1. 顾客导向的理念

顾客的需求构成市场,组织依存于他们的顾客,因而组织应该理解顾客当前和未来的需求,满足顾客需求并争取达到甚至超过顾客的期望。传统的质量管理强调教育产品或服务须达到预设的规格或标准;现代质量保证不仅强调达标,而且更加重视对顾客需求的关注、分析和满足。

2. 诚信的理念

质量保证的内涵不仅仅是保证质量,而且是在供方内部和供需双方之间开展的质量信任活动。内部质量保证是在组织内部向管理者提供信任,而外部质量保证是向顾客及其他方面提供信任,是供方领导和需方确信组织能够满足规定的质量要求,以建立供方领导信心和供需双方信任的关系。就高等教学而言,它输出的不仅是产品和服务,更是一种责任、信任和信心。为此,自觉地树立责任意识、品牌意识以及自我约束意识,用高质量的教学、科研和社会服务满足国家、社会及个人的高等教学需求,赢得国家和社会各界对高等教学的信任与信心,正是高等教学质量保证所强调的重要方面。

3. 预防为主的理念

从事后检查和把关为主到以预防为主的转变,是管理思想的一大进步。美国著名质量管理专家克罗斯比(Philip Crosby)认为,质量管理体系的原则是预防不合格,而不是对不合格进行评估。预防为主的理念强调:质量不是末端检测与评估出来的,而是依照整体的优化设计和全过程的质量监控来实现的;应该使影响质量环节的各个阶段,包括技术、管理和人的因素始终处于受控状态,以预防问题为中心,实现质量管理的全员性、全过程性和全面性。按照格林(Diana Green)的观点,高等教学质量保证是指质量保证机构根据一定的质量标准体系,按照一定程序,对高校的教育质量进行的控制、审核和评估。其中,质量控制是指为高等教学活动创设必备的条件,包括对高等教学质量的认识、人才培养计划的制订、课程及专业的设置与规划、教育教学物质条件的准备等,以保证高等教学活动的顺利进行;质量审核是指对高等教学的教育教学活动过程的审查,以保证质量控制活动所创设的计划能够顺利实施;质量评估是指对高等教学活动质量结果的评定与估价。可见,预防为主的理念在高等教学质量保证中得到了充分的体现。

4. 质量文化的理念

质量保证最重要的因素是强调全体员工的质量意识。质量意识不只是理解和掌握有关质量的概念和方法,还要积极营造一种文化环境,包括对组织的质量观和质量目标的认同,员工对质量的承诺和对不断改进质量的追求，各层次人员所创造的组织形象，以及与顾客之间有效的相互协作关系等。在顾客的质量要求与期望越来越高的今天，质量文化已经成为组织文化的主旋律。同样，质量文化也是高等教学质量保证的有机组成部分。学校的质量目标只有成为全体成员的共同追求才会具有持久的生命力。为此，我们尤其要摒弃"责怪的文化（culture of blame）"和"顺从的文化（culture of compliance）"，倡导建立起一种"自我管理的文化（cul—ture of self—regulation）"。所谓责怪的文化，指的是当出现质量问题后进行调查，追寻责任，并加以批评、指责或惩罚的管理思想、方式和行为；所谓顺从的文化，指的是大家都按照程序文件规定的去做，不敢越雷池一步；所谓自我管理的文化，它强调管理者与教职工共同分担责任，让学校成员知晓学校的环境与现状、机遇与挑战，接受和认同学校的质量目标，并以极大的热情投入到质量改进的过程中去。

二、高等教学质量保证的目的

高等教学质量保证的目的，是指人们在开展高等教学质量保证之前所设想或规定的质量保证活动欲达到的效果或结果。"目的作为行动的直接动机指引和调整着各种行为，并作为支配人的意志的内在规律贯穿在人的实践中。"高等教学质量保证的目的，指导和支配着整个高等教学质量保证过程，往往决定了质量保证的内容、方法等其他方面。

关于高等教学质量保证的目的（purposes），国外许多学者进行过研究。尼弗（G.Neave）在对法国、荷兰、比利时三国的高等教学质量保证进行考察分析后认为，质量保证的目的在于充当资源分配的工具（a resource allocation device）。弗雷泽（M.Frazer）通过对欧洲 24 个国家进行问卷调查，发现高等教学质量保证的主要目的在于：帮助高等教学机构改进质量（improvements）；确定绩效责任（accountability）；适应国家法律的变化（changes in law）；向潜在的学生和雇主提供质量标准的信息（inform potential students andemployers about standards）；帮助政府做出资助决策（making fun ~ ding decisions）。

管理学中，人们常将目的分为实质性目的和工具性目的。前者多是用于表示人们活动的最终意向，因而一般比较原则、抽象、概括；后者则多是用于指导实际工作，因而一般比较具体、行为化、讲求可操作性。高等教学质量保证的目的也可据此分为两大类。

（一）实质性目的：质量改进（improvement of quality）

美国学者斯塔弗尔比姆有一句名言：评估的目的不在证明（prove）什么，而在改进（improve）。改进质量、提高质量，是高等教学评估的根本目的。

作为高等教学评估活动的深化和系统化，高等教学质量保证通过建立相应的组织运行机制和广泛运用各种评估手段，使高等教学质量得以维持和提高。通过建立质量保证体系，学校可以获得及时准确的反馈信息，然后根据这些信息分析教育过程中的得与失，总结成功的经验与失败的教训，并调整学校的教育教学活动，从而确保教育质量的不断提高；政府与教育主管部门，可以依据教育质量评估结果，适时地调整、改进有关决策；教师和学生，可以通过健全的质量保证机制，全面了解自己的教学与学习状况，发现问题和不足，采取有针对性的改进措施，最终达成目标。总之，质量改进是高等教学质量保证活动的"最终意向"，是质量保证内在的、最为根本的目的。

（二）工具性目的

1. 绩效责任（public accountability）

高等教学不仅直接关涉国家的竞争力，而且也消耗着大量的公共资源。因此，国家、纳税人有权了解高等院校公共资源的使用情况，要求高校在不降低质量的前提下提高教学及研究的效率和效益。特别是 20 世纪 70 年代末以来，西方各国普遍陷入了经济衰退的困境，生产力下降，公共财政持续出现赤字，而高等教学经费却在不断增长。在此情况下，政府、公众必然加重了对高等教学机构的绩效责任的关注。高等教学机构必须对其使用资源的流向及其效用向政府、社会做出交代。高等教学质量保证的目的之一，就是满足政府、社会问责的需要。

弗雷泽（M.Frazer）认为，高等教学的责任主要体现为对社会、用户（clients）和学科（subject）的责任。首先是对社会负责。政府代表社会向高等教学直接分配资金，或通过学生资助、贴息贷款间接地拨款。因此，政府建立专司高等教学质量和效率的机构，负责向社会保证他们所"购买"的高等教学产品和服务是可接受的，是物有所值的（value for money）。绩效责任强调"三E"，即经济（economy）、效率（efficiency）和效益（effective—ness）。经济涉及成本和投入之间的关系，经济性主要衡量的是花去了多少钱，是否按正当程序花钱，体现预算和实际成本之间的差距。效率涉及投入和产出之间的关系，指投入与产出之比，力求以最低投入实现最大产出。效益涉及产出和效果之间的关系，具体包括产出的质量，产出是否导致了所期望的社会效果、公民或顾客的满意度等，它关心的是目标、结果和价值。当然，向社会负责并不仅仅是投资回报的问题，社会需要高等教学捍卫和传递文化传统，切实履行好其应尽的职责。

其次，高等教学还必须对其用户和学科同行负责。高等教学的主要用户，包括学生和雇主，需要高等教学提供高质量的教育，需要具有各种知识水平和职业技能的资格证明。此外，为了学科的发展，教师需要对其同行负责，需要遵循应有的学术规范。

2. 用户信息（client information）

信息不对称理论认为，在市场交易中，买卖双方的信息不对称将导致"逆向选择"，即劣质商品驱逐优质商品而占领市场。随着高等教学的改革与发展，高等院校面临着愈益激烈的市场竞争，市场力量对高等教学的影响也日益强大。要避免"学术格雷新法则"，就必须实现信息对称，使高等教学的当前及潜在的用户（包括学生、家长、雇主等），及时、准确地了解与掌握高等教学质量信息。高等教学质量保证体系的建立和运行，使得政府和社会可以通过高等院校的自我评估（self—evaluation）和外部专家评审（peer-re—view）

的质量评审报告，了解高等教学的质量状况，从而增强市场透明度。

3. 决策〔decision making〕

高等教学质量保证体系一经建立，评估者就可以根据既定的目标和质量标准，收集高等教学评估对象的相关信息资料，采用一定的手段进行选择和处理后，将处理结果与有关标准进行对比分析，从而对高等教学机构和有关学科专业的办学条件、办学水平、教育质量合格与否、发展程度高低以及办学状态优劣等做出判断。评估结论成为教育规划、资源分配等方面决策的重要依据。

第二章 高校教学质量保障的发展演变

高等教育发展水平是一个国家发展水平和发展潜力的重要标志，提高教育质量和水平是建设高等教育强国的根本要求。党的十九大报告指出"建设教育强国是中华民族伟大复兴的基础工程"，要"实现高等教育内涵式发展"，意味着必须要发展高水平、能支撑、能引领的高质量教育，而高等教育在这个过程中必须优先发展、率先发展，走在前列。在我国高等教育质量内涵建设过程中，高校人才培养是质量提升的短板。建立一个完善的教育教学质量保障体系，对于我国高等教育发展及高校质量提升具有重要的意义。

第一节 高等教育质量保障体系的历史演变

19世纪末20世纪初，美国被看作现代高等教育质量保障制度的发祥地，其"高等教育认证"制度被认为是现代高等教育质量保障的开端，对世界各国均产生了重要影响。

20世纪80年代，高等教育质量保障逐步由各国自由零散发展状态转变为世界范围内共同关注的一个高等教育重要议题。欧美国家高等教育在完成大众化进入普及阶段时，出现了高等教育规模巨大和经费急剧增加的问题。一方面，政府经费比例下降，非政府经费比例上升，高等教育政府经费的增长难以匹配高等教育规模的扩张，经费的不足使得学校学费上涨，教师将更多精力投入研究以进行创收；另一方面，高等教育开始逐步接纳更多的社会群体和社会目标，高等教育变得愈加多元化和多样化，造成原有的建立在精英学者团体里的高等教育质量标准发生破坏，高等教育质量开始缺乏统一标准，高等教育质量问题持续不断地引发批评和争议。

80年代中期到末期，高等教育质量保障方面取得了较大发展。质量保障措施出现了高等教育认证、大学排名、学生学习效果调查、教育评估运动等多种方式，并且从工商业领域中引入了新的绩效指标。这些新方式与新指标共同组成了现在的高等教育质量保障体系。这一时期，根据质量保障主体的不同，质量保障被分为法国模式和英国模式。在法国模式中，教什么以及允许谁教的最终权力掌握在外部权威手中，教师的教学内容和方式主要对校长负责。在英国模式中，学者决定教什么以及由谁来教，以同行评价为主。

与欧美国家不同，发展中国家高等教育质量保障政策和实践基本上都是从欧美等发达国家和地区引进的，包括日本、中国在内的不少亚洲国家和地区都模仿发达国家的高等教育质量保障模式。

第二节　我国高校质量保障体系的发展阶段

高校质量保障体系包括外部质量保障体系和内部质量保障体系两个部分。外部质量保障体系通常是由全国性或地区性的专门机构组织实施的，多数由政府或社会第三方机构组织开展，主要是从外部对高校进行必要的支持与问责。内部质量保障体系是指由高等学校自身负责的教育教学质量保障活动，一般由学校自身通过自我评估的方式开展，高校享有更多的自主权。外部质量保障主要致力于指导和督促内部质量保障体系的有效运行，以此发挥对高校教育质量的支持和监督作用。

高校数量和规模的急剧扩张不可避免地带来教育质量问题与教育危机，导致人才培养质量出现下滑。为化解质量问题，全面提高教育教学和人才培养质量，从2000年开始，我国政府先后实施了一系列高等教育质量保障活动，力图从外部帮助高校提升质量。教育部一共组织了4次本科教学评估工作，包括合格评估、优秀评估、水平评估和审核评估，逐步确立了周期性的本科教学评估制度。随着评估工作的不断开展，评估过程自身暴露出许多问题，例如评估技术不完善、评估标准单一等问题，对评估结果的有效性产生了一定影响。随着以"财权上移"和"事权下放"为基本特征的国家财政体制改革的推进，以及国家需要更多人才来服务于经济发展和国际竞争力的提升，政府通过使用专项资金来启动、实施一些重大项目，通过项目来保障和提高高等教育质量。目前，"项目制"已成为了一种从国家到高校乃至院系，全方位、大规模的高等教育质量保障活动。国家层面的活动包括"985工程""211工程""世界一流大学和一流学科建设"等。为响应国家的号召，各省市政府也纷纷出台相关政策，积极开展各类项目，以提升高等教育质量，如：广东省启动实施了"创新强校工程""冲一流、补短板、强特色提升计划""重点建设高校"和"重点学科建设"等项目；上海市推出了"上海高等学校高峰学科和高原学科建设计划"；北京市实施了"北京高等学校高精尖创新中心建设计划"等多项工程和计划。各省纷纷给予专项建设资金，力求从外部保障和推动各省市高等教育质量的提升。

在外部教育质量保障体系如火如荼开展的同时，我国高校内部质量保障体系也随之逐步建立起来。高校内部质量保障体系从2003年至今大致可分为三个发展阶段：

第一阶段为2003—2008年，自2003年开始进行本科教学工作评估起，各高校基本上设立了校内的教学质量保障机构，如教学评估中心、教学评估办公室等，重点促进学校内部办学条件的改善，主要进行教师学历层次、教学设施条件等人财物方面的基本建设；

第二阶段是以2007年"高校本科教学质量与教学改革工程"实施为标志，以质量标准建设为基础，各高校通过开展专业课程建设、教师队伍建设、教学基地建设等一系列与人才培养相关的改革项目，不断深化本科教学改革工作，将学校人才培养质量放在改革与发展的中心位置，高校内部质量保障体系建设重心由"基础建设"开始转向"内涵建设"；

　　第三阶段以 2013 年教育部开展的审核评估工作为标志，强调高校要建立健全的条件支撑体系、管理制度、监督与评建体系等，着重从制度、规范、文化等层面对人才培养质量加以保障，以高校自我评估和自我管理为主，高校内部质量保障体系迈步进入"文化建设"阶段。经历了上述三个阶段的发展，我国高校基本上完成了内部质量保障从顶层设计到框架结构和工具开发的全部过程。

第三章 高校教学质量保障的要素构成

我们一直秉持一个观点：提高质量是最好的保障。学校内部质量保障不仅要通过评估手段做好质量的自我诊断，更重要的是通过建立一套体系，使质量的生成和提高在可控范围内，形成核心竞争力，保障质量持续改进。谈及体系，不可避免地涉及其核心要素。根据体系所要具备的功能，我们将教学质量保障要素划分为内生要素、外生要素和驱动要素。内生要素的功能主要是保证符合预期的质量生成和对质量评价做出改进反应，保障质量持续改进。外生要素的功能主要是保证质量顺应国家、社会的需求。驱动要素的功能主要是保证对教学质量如实评价，如实反映质量评估意见，促进教学改革。

第一节 内生要素：质量战略与质量策略

一、发展定位

麻省理工学院原校长格雷认为："一所大学的质量在于它为自己制订的发展水平和前景以及它的原动力和潜在能力。"质量保障的顶层设计在于有清晰的质量战略规划和可行的实施策略。地方高校的发展定位是一所学校对自身发展的价值取向、目标规划、思路选择的理性界定，既要有对区域环境的考量，又要有对自身在高等教育系统中位置的选择，更要有对定位层层分解的解释。也就是说，要对国家或区域社会经济的发展需求结构进行分析定位，这是高校的使命所在；要有自身特色和文化选择，这是高校安身立命的"身份"确定；要有渗透的策略，将定位属人化，被师生所理解和践行，这是学校可持续发展的保证。

关于高校发展定位，有学者提出了"战略定位、办学目标定位、功能定位、层次定位、区域定位、形象定位、规模定位、能级定位"等多重维度。也有学者从社会学视角，根据资源依附状况来决定高校定位的类型。还有学者根据卡内基高等教育机构分类标准和国际教育标准分类（ISCED）（1997），提出要根据学校所属类型决定发展定位。所有这些观点都是从理论上建构了解决定位问题的可能路径。但具体到高校自身的定位选择，尤其是地方高校，首要的是考虑大学的发展方向以及如何快速成长，因为多数地方高校学术底蕴不厚、资源不丰，处于转型时期，应抢抓机遇，促使学校尽快奠定发展基础。现实格局决定了地方高校管理层不可能按部就班地遵循老牌研究型大学的发展路径，在遵循教育规律的前提下，只能与社会需求紧密结合来规划学校的发展定位。

发展决定出路，实力决定层次，没有实力在任何层次都没有发言权。发展定位表面上看是一所学校的发展方向，内在的考察最终要落实到实力的发展壮大上，实质是学校由实然状态向应然状态转变的构想。这个构想的生命力在于能够实现转变，即要有广泛的群众基础——接地气，有强大的动力机制推动全体成员向期望的应然目标逼近，否则，定位就成为纸上谈兵。所以，我们认为，高校发展定位应有三个层面：理念层、目标层和能量层。这三个层面可以分解为办学理念、类型与层次、服务区域、人才培养目标、管理取向，结构大致如图 3-1 所示。

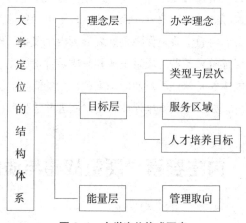

图 3-1　大学定位构成要素

1. 办学理念

办学理念是高校主体尤其是校级管理者对大学应该是什么、应该做什么所持的基本观念，观念映射到行为，就是办什么样的大学、培养什么样的人、应该怎么办大学的问题。办学理念的内核是大学观、教育观、学生观。在一个合理的、与时俱进的、清晰的办学理念中，学校观、教育观、学生观总是千丝万缕地交织在一起。

在雅斯贝尔斯看来，大学是一种特殊的学校，大学的学术自由和自我更新会导致国家观念的觉醒。对于国家、民族的未来来说，大学比军队重要，因为国家的意义深深扎根于民众的日常思维方式中。在大学里，学生不仅要学习知识，而且要师从导师学习研究事物的态度，培养影响其一生的科学思维方式……大学的生命在于教师传授给学生新颖的、合符自身境遇的思想来唤醒他们的自我意识。

教育观问题是办学理念的思想基础问题。教 f 的终极意义是将知识转化为智慧，以文化人，唤醒人的自我意识，确立人的独立地位和主体地位，反思自我的存在以及对社会的认识，确立自身的人生目标，实现自我价值和社会价值。怀特海认为，在大学里，必须学会从一般概念向具体事例的运用的转变，着重于理论兴趣和实际效用的结合，真正有用的教育是使学生透彻理解一些一般原理，这些原理能够运用到各种不同的具体细节中。在随后的实践中，人们可能已经忘记具体的细节是什么，但是，他们的潜意识里的判断力会帮助他们把这些原理用于当时的情况。当你丢掉你的课本，烧掉你的听课笔记，忘掉你为了应付考试而背诵的细节，你的学习对你来说才是有用的……一个真正浸入你骨子里的原理与其说是一种正式的语言阐述，还不如说是一种思维习惯。

大学生是大学教育过程中最不确定的因素，其思想、行为、性格、兴趣各异，地缘、阅历千差万别，但思想活跃、精力充沛、不安于现状、内在的有所建树的愿望，这些青年共性为大学教育的引导提供了便利条件。早在古罗马时期，就有先哲指出，学生不是一个需要填满的容器，而是一个需要点燃的火种！导火索就是科学思维方式、专业研究范式，学生一旦习得这种思维构架，即时引燃探索未知的火种。当今社会生产力发展迅速，科学技术突飞猛进，知识更新周期不断缩短，联合国教科文组织的研究表明：在 18 世纪时，知识更新周期为 80—90 年；19 世纪到 20 世纪初，知识更新周期缩短为 30 年；20 世纪六七十年代，一般学科的知识更新周期为 5—10 年；到了 20 世纪八九十年代，许多学科的知识更新周期缩短为 5 年；而进入新世纪，已缩短至 2—3 年。知识的如此更新速度，使得传统知识记忆的学习方法已不能适应社会的发展，指导学生必须重"渔"而非"鱼"，"最佳的专业教育并非教授一套固定的知识就够了，而是要训练发展一套科学思想的构架，这样，我们才可以在人生的过程中继续接受精神和思想方面的教育"。

从办学理念的"三观"分析可见，虽然其侧重点不同，但是都指向了一个主体——学生，也都指出了学生的根本作为就是知识探索和知识运用。办学理念这个整休是由知识转化这个"细胞"以不同侧重方向和不同表述方式来体现的。

2. 类型与层次

学校的类型与层次定位是对学校的学生学历层次、学科取向、职业导向、办学模式以及学校的形象、特色、规模等进行判断和选择。这既是学校对自身"身份"的确认，也是学校面对社会的"招牌"。有些学校为了面子和声誉，不惜罔顾实际而随意拔高其层次定位，这种定位就属于无效定位。并非层次越高、规模越大就越好，瞄准社会需求，紧跟产业升级，调整学科专业设置，形成核心竞争力，办出特色，这才是学校立身之本。

3. 服务区域

学校的服务区域定位是指学校在人才培养、科学研究等方面的服务范围、服务行业、服务层面以及服务对象的定位。学校首先要搞清楚所服务区域的产业结构及规模，需要学校提供的服务类型及项目，行业发展的客观实际和周期趋势，这直接与学校培养的学生的主要就业范围、行业、层面有关。人才的供需脱钩，造成结构性失业的原因之一就在于学校的服务区域定位不合适。

4. 人才培养目标

人才培养目标是学校要培养什么样的人。其阐释指标应该包含：人才规格，即培养学术型还是应用型人才；知识素养，即学校要求学生掌握哪些知识，能够对哪些领域的知识进行解读，显示出专业属性；能力类别，针对人才规格，需要什么样的能力，学校侧重于哪些能力的培养，还有一个能力和谐的问题；素质培养，即要求学生具有哪些素质。

5. 管理取向

学校的教育教学以及管理等活动的制度规定、行为规范、价值取向，是理念层、目标层在教学、管理活动上的落实和体现。为什么有的学校制度很清晰完善，但就是执行不力，连规定动作都不到位。心有余而力不足是个人能力不足，要么加强培训，要么适人适岗进行调整，"对想做不能做的事情的人，就让他去做他能做的事情吧"。力有余而心不足，教育信念不强，制度鞭策不到位，文化影响渗透力不强，简单有效的做法是加强制度执行力，让人行动起来，在行动中感悟、转化信念。也就是说，学校的管理取向必须将定位属人化，进行人格转化，让师生员工可感、可理解、可行。

二、 知识转化与质量提升策略

在影响教学质量的要素中，从保障主体看，教师是关键因素，学生是根本因素，管理者是保障因素，都有着不可替代的重要作用；从质量生成环节看，教学与学习共同作用促进质量的生成，管理者为质量生成提供资源支持和环境保障。

（一）知识转化与教师教学

没有一流的教师，就没有一流的大学。教师的大学观、教学观、学生观深刻地影响着其教学理念、教学行为和教学效果。也就是说，办学理念的人格转化，首要应该是教师的"三观"认识到位。哈佛大学哈佛学院前院长哈瑞·刘易斯认为："大学不是简单学习什么的地方，而是要学会如何学习的地方；不是学习答案的地方，而是应该学会提出问题的地方；不是成为博学的地方，而是学到创新思维的地方；不是一个学到什么都要记得的地方，而是要学到学习精髓的地方。大学应该是获得智慧的地方，而不是获得信息的地方。"在实际研究中，哈利勒等人通过对某高校 11780 名学生连续两年的调查分析，找出了影响教师教学质量的决定因素，并就这些因素对学生总体满意度的影响进行了研究。研究得出：四项因素对学生总体满意度的贡献率达到 60.24%，其中，课程结构和教学过程的贡献率为 44.66%，学习时间的贡献率为 5.84%，学习成绩的贡献率为 5.35%，投入的贡献率为 4.39%。其结论是：为了改善教学质量，应该多关注教学过程和课程结构。卡罗尔认为，有效的学习实际需要强调优质的学习环境，而优质的学习环境需要两个前提条件：教学质量和学习机会。

杰奎琳·道格拉斯等人的调查研究表明，学习在物质方面提供的服务对学生满意度的影响不是很重要，最重要的是课堂教学的质量，这也是学生在学习经历中最重要的部分。而巴奈特和达塔等的研究，都提出学校的核心服务方式就是课堂教学，讲课质量直接影响学校的整体质量。学生主要关注课堂教学的成效，包括知识技能的获得、阅读资料与讲课内容的广度和深度、教师对作业的反馈等。研究还发现，学生对讲课教师具有忠诚度，如果一门课教师讲得好，学生们会相互推荐，学生还会选择自己听过讲课好的老师的其他课程，我们在本校连续三年的学情、教情调研中，也得到相同的结论。

在质量保障过程中，要全面评价教师在教学中的能力和作用，要从识、教、导、评四个方面来考量，也就是知识结构、教学能力、指导水平、评价智慧。这四个方面全面反映了教师的知识结构、教学信念和教学实践能力。

1. 立体互联的知识结构

一个教师合理的知识结构应该具有以下三个显著特点：系统化、鲜活和新颖。这也是评价教师学识的标准。教学过程中体现的知识系统化就是教师针对所讲内容能够旁征博引，其间的联系又让人感到非常自然，感觉就应该是那样的，也就是说起码逻辑自洽，能够吸引学生。教学过程中体现的知识鲜活就是知识的功用能够与自然、社会、人的心理和精神相联系，能够解释自然、社会现象，引起心理共鸣，即知识是有用的，能够与实践相联系。教学过程中体现的知识新颖不只是涉及领域前沿知识，还有人们在现实中的一些实践拓展、实践创新，这更容易坚定学生的学习信心，激发学生的学习热情。这样的知识就容易为学生所理解，易于感知知识转化。

从现象学的视角考察知识结构，将知识结构进行还原，知识来源于自然、社会实践、科学实验，知识获取有三条根本路径：文本解读、自然（自在自然、人化自然）观察、实践（生产实践、社会实践、科学实验）参与。来源于自然观察和实践参与的知识能够满足鲜活和新颖的要求。来源于文本解读的知识（新颖的知识的来源之一）除非能够在自然和实践中再现它，否则只能从逻辑上解释，这种逻辑就是建立知识之间的联系，一旦联系成功，知识必然具有系统性，而且在这种系统结构中总能找到一个节点或组块，通过它们勾连联系路径。来源于自然观察和实践参与的知识最终要被吸附到这些节点或组块上，或者形成新的节点或组块。

随着知识的增多，这些节点或组块之间的联结路径增多，又会形成更大的组块，具有更多的功能，即"生成性话题——能够提供足够深度、重要性、关联性以及多样性的问题、主题、概念、观念等，以促进学生有效理解的发展。生成性话题的关键特点是：它是某个学科的核心。生成性话题使学生能够获得必要的技能和理解，以进一步从事该领域更为复杂的工作"。如此构建的知识结构就形成了一个知识网络，为视野的切换、思维的跳跃和问题的盘剥提供了便利和知识基础，个体反映出来的特征就是思维敏捷、灵活且合乎逻辑。一个具有合理知识结构的教师，在授课、师生互动时，其知识讲解和输出自然会带有上述三个特征，也就是说，能够提供给学生可以直接转化的知识。

2. 灵活卓越的教学能力

卓越的教学能力的评价标准主要有两条：一是生动活泼，二是逻辑清晰。胡塞尔认为，直观才是我们所拥有的最本质的出发点。教学的首要原则应该是直观，直接感知到知识形成、发展和转化，这是知识生产的重演，如此建立的知识结构是鲜活的，它直接与知识所映射的现实物态融合在一起。"不能让知识僵化，而要让它生动活泼起来这是所有教育的核心问题。"这也是我们尽量使用教育技术手段和实验手段的根本原因。

大学的知识主要以文本形式存在，阐明知识的逻辑关系是不可回避的必然的教学方式.不仅仅要阐明知识之间的联系，更重要的是要跟学生的既查知识结构建立联系，这样有利于知识转化。可以说，教学的智慧关键体现在建立这两种联系上。诺贝尔奖得主贝里奇说："如果要我说什么样的天赋是必需的，那就是在大量不相干的事实之间建立联系的能力⋯⋯我所遇到的那些有天赋的科学家都具有这种能力。他们能够用一种开阔的视野观察正在发生的事情，而且能够在不同观察点、不同学科之间架起桥梁。"

现在要求教学方法改革的呼声很高，"教学方法是提高教育质量的重大问题，甚至是关键所在，而创新教学方法对于我国高等教育改革来说，已到了非改不可的时候"。为什么呼吁了很多年，成效却甚微？有研究者认为，改变教学方法实质上是改变教师的一种习惯，费力不讨好，加大了工作量，这是一种表面现象。学生反映突出的是教师照本宣科，照读 PPT。对应到知识上，就是对文本知识的传授，其实质就是阐释知识之间的联系，抓不住这个实质，用什么方法都是枉然。本体论决定方法论，知识的存在状态决定了方法的选择。一个烂得发黑的苹果，无论你用什么样的方法介绍都不可能把它说成金灿灿的苹果。让学生参与到发现知识联系的活动中，这是最高效的方法，因为它能够直接产生知识转化。启发式、讨论式、实验法、小组合作学习法等，根据条件和需要可以随时切换，不存在拘泥于某种方法的问题。

3.醍醐灌顶的学生指导

对于教师指导的评价，只能由学生根据自己的感受和体会来完成。一般来说，指导因直接面对问题、面对特定的学生，其知识领会、转化效果要好于课堂教学。但这有一个前提：师生都能够抓住问题的本质，也就是到底是情境（条件）问题.还是知识逻辑路径问题。前者是核心概念不清晰，需要阐明概念的内涵、外延，内涵帮助确立知识节点，外延帮助建立知识联系。大学阶段必须学会从一般概念向具体事例的运用的转变，这就必须清晰概念的外延。后者是核心原理没有理解，需要掌握精确的知识细节来领悟原理；也就是说，要使学生一点一点地接受一些特定的分析事实的方法，其实质是在更小的范围内将细节知识系统化、条理化。"大学的功能在于使你能够摆脱细节而保留原理⋯⋯一个真正浸人到你骨子里的原理与其说是一种正式的语言阐述，还不如说是一种思维习惯。这种思维习惯成了大脑对一些恰当的刺激的反应方式，这些刺激具体表现为一些例证性的情况大学最重要的任务就是培养思维能力，习得有效的思维方式，掌握专业的研究范式。

还有一种复杂的情况，就是学生的混沌问题，抓不住问题的实质，不知道怎么问问题，反正就是不明白，有时表达出来的问题不是自己要求证的问题；也就是说，不会界定问题。

解决这种问题，就是要帮助学生一点一点地梳理。混沌问题的实质是意义弥散漂移，只能从概念的外延排查，只要能够抓住一点，就能迅速定位到有关的核心概念上，快速厘清问题所在，进入问题解决过程。

4. 切中肯綮的学生评价

对学生学习效果的评价是教学的重要一环，现实中多数教师简单对待这个问题，一句"很好"或"不全面"应付过去，到底好在哪里，如何改进，学生不清楚。其实，这种评价从知识转化角度看，属于无效评价，因为这种评价是以教师的认识程度为标准，不是以学生的思维结果为标准。这实质上是画了一个圈（答案），学生进去了就是好，进不去就是不好。当然，这种评价适合于一些简单的判断性问题，而对于复杂的学习过程就不合适了。

对复杂问题或复杂学习材料的处理，对学生学习质量层次做出评价，我们可以借鉴 SOLC（Structure of the Observed Learning Outcome，可观察的学习成果结构）分类理论。该理论通过问题解决的条件、线索与给出的相关素材的交织方式判断 SOLO 层次，将其分为前结构、单点结构、多点结构、关联结构和抽象扩展结构五个层次，各 SOLO 层次与能力层次、思维操作方式的一些重要特点相对应。能力层次指的是不同的 SOLO 层次的问题解决所需的记忆容量或注意广度，能否建立联系及联系密度和交叉度。思维操作方式是指把线索和回答联系起来的方式。SOLO 层次由低到高对应的各能力、思维操作特点见表 3-1。

表 3-1　SOLO 分类理论各因素层级分解表

SOLO 层次	能力	思维操作
前结构	最低：问题线索和解答混淆，回答不存在逻辑联系（不知道问题的核心指向，甚至连问题是什么都不清楚）	没有思维参与，"不知道"或乱猜一气；同义重复，简单地将问题重复一遍，转换、跳跃到个别细节上，根据感觉判断
单点结构	低：问题线索 + 单个相关素材	只能联系单一事件进行"概括"意味着仅有某一点与结论相联系
多点结构	中：问题线索 + 多个孤立的相关素材	只根据几个有限的、孤立的事件进行"概括"，但没能把它们联系起来
关联结构	高：问题线索 + 相关素材 + 相互关系进一步将各个概念相互联系起来，这种情况需要掌握线索，掌握大部分或所有相关素材加上它们之间的相互关系	归纳：能够在设定的情境或已经历的经验范围内运用相关知识进行概括；能够用概括性的概念或原理解释多点结构，回答所包含的各个孤立点，但限于已教过的内容，没有开拓
抽象扩展结构	最高：问题线索 + 相关素材 + 相互关系 + 假设 学生不仅需要对已知素材进行编码，而且还要理解已知信息与首要的抽象原理的关联，导出假设并将其应用到未知的情境	演绎与归纳：能够对未经历的情境进行概括；超越了根据素材进行的归纳，进行真正的合乎逻辑的演绎；学生建立起抽象的原则

这种学习质量分层次评价方法也应该让学生知晓，学生知道评价的依据、来源，就能够自我评估自己的学习效果．知晓知识转化的程度。这是一种提高问题解决能力的方法，有利于知识构建信念的形成，使学生明明白白学习明明白白思维，丰富自我知识，培养自我效能感。

（二）知识转化与学生思维

知识转化要依赖思维来完成。大学期间，学生"重要的不是记住学过的东西，而是判断力的训练。我们需要的能力是在任何时候都可以自己动脑筋去找到必要的知识，可以从不同的角度去思考事物"。那么，学生应该如何学会思考呢？

1. 树立批判性思维信念

学习者首先是批判性思维者，其次才是知识建构者，不会分析和鉴别的学习者是"书橱"。学习者要相信自己有能力找出任何事物的内在逻辑，只有具备这个前提，才能对事物的表征和解释有一个判断的标准，对一些似是而非、模糊混沌的认识有清晰的判断，对貌似合理实则混淆是非的论断加以彻底批驳。而且要习惯这种学习方式，这样建构的知识才是理性的，才能有逻辑地阐释自身，有根据地解释外在事物；也就是说，这样的知识才是活性知识，是能够产生力量的知识。

那么，怎样才算是批判性思维者呢？或者说批判性思维的本质特征是什么呢？我们的观点是：将初步的知觉和思考提升到意识实现的层面上．也就是说，将知识学习、事物认识提升到分析、评价、重建的层面上。

第一，分析。分析就是要把复杂的知识整体分解，并理解各部分之间的联系，解释因果关系，理解事物的本质。对于文本知识，关键要辨别整体结构中重要和不重要的部分，析出核心概念以及在文本中的下位概念或子概念，揭示其联系，建立系统性和连贯性的要素的联结；对于实践及观察事实与现象，关键要将表象、流程概念化、原理化，将实践与理论相结合，能否准确定位概念与原理是思维能否深入的关键；对于概念的分析，要能够识别出概念的关键特征以及这些特征之间的联系。经过这样的分析过程，文本知识、实践知识都有一个清晰的定位，为发现知识之间的联系、联结理论与实践、重建知识结构提供了材料基础。分析为理解扫清了道路，"理解的发展其实就是概念图式上的概念联结的数量和类型上的变化"。经过分析后的知识或现象事实，总是对应于某些概念或原理，也就是说，为知识的转化提供了联系节点，便于统摄思维。

第二，评价。评价是对分析结果进行理性反思，是对事物本质的价值做出判断。这种价值体现在内在的逻辑联系、外在的事实勾连中（即支持对外在事物的理解），它综合内在与外在的资料、信息，做出符合客观事实的判断。评价的意义在于对事物分析所持有的信心，既强化分析的理路，也强化事物的价值。如果说分析揭示知识的力量，那么，评价强化的就是对知识应用和转化的信念力量。评价能够让学习者明明白白地学习，既清楚知识的内在关联，又清楚知识的外在功用。另外，评价对死记硬背的学习方式有消解作用，对于要记忆的知识，不要因为考试重要而记忆，而要遵循内容揭示的知识逻辑或对事实现象的理论透析进行记忆；也就是说，要明白除了应对考试外，为什么要记忆这些知识，给知识找一个学术性的、解释性的锚。研究发现，凡是采用死记硬背学习方式的学生，都是不会评价的学生。

第三，重建。知识重建有两种形式：一是构建知识结构。通过评价，学生将事物的分析要素、联系、概念进行过滤，将有价值的知识纳入知识结构，拓宽理解范围和深度，形成可理解性知识结构，达到知识转化的目的。必须认识到，这种重建是相对的，因为无论学生怎样提高自身对事物的理解能力，总有些是无法领悟的，评价也是客观见之于主观的价值判断，主体认识具有自身能动性，总有一定的局限性，诠释学也有"理解是一个循环过程"的观点，所以，这种知识重建的结果只能是一种可理解性知识结构，需要以后不断完善和扬弃，也就是说，学习不能停止批评和反思。二是构建自己的观点。学生根据问题或目标要求，层层分解目标，确立要应用的每部分的基本概念或原理，在尊重事实、遵循事理的前提下，将材料按逻辑有机整合，建构自己的观点。

2.掌握思维原理

问题是思考的原点，一个优秀的思考者必然是一个优秀的提问者，具有敏锐的问题意识。如果想要从所学知识中真正获益，就不能只是按照课堂教学方法所要求的去做，必须掌握一套思维技能，学会有效提问，引导、激发自身有条不紊地思考所学知识，并将其灵活应用于思想和生活中。

思维第一问：知识仅仅是思维的对象和载体吗？

无论学习什么知识，都需要学会思考，这个常识说明了知识是思考的对象。思维的推进需要我们调动自身的知识储备，通过概念、原理与现象的耦合得以实现，在此，知识又被认为是思维的载体。但是，还有一个更重要的思维现实是：为获取全面、客观的认识，我们对某个问题的思考，常常从多角度来审视，变换视角，甚至多学科知识交叉利用。也就是说，思考的前提或假设发生了转换，思维的逻辑也就随之不同，结论自然不同。所以，从思维的视角分析，某种知识隐含着某种思维方式。"要具备深刻思想，首要也是最重要的观点就是：最终看来，大学课堂里和课本上所传授的一切知识都不过是对特定事物的特定认识方法。"这种知识的思维观，把知识转化为一种思维方式，对知识进行整体思考，甚至将其看作一个思想体系。死记硬背摒弃了逻辑思维的参与，难以形成深层次的知识结构，不可能有智力义跃。知识的思维观有三层要义：

其一，知识是相互联系的。对于该项的自我评价，学生可以针对所学课程，画一张知识结构图表，显示该课程的各个基本概念之间的关系，用自己理解的语言解释每个概念如何与其他概念相联系。对于一些重要原理和结论，写出其应用条件和范围。只要是重要原理，都是对事物在某种条件下的规律性反映，能够在一定条件下揭示事物存在、变化的规律。教师总结的知识结构图式，学生如果不能理解其间的联系与条件，是难以纳入自身的知识结构中的。在调研中，很多学生不能将所学课程中的某些概念、原理联结起来，那就很难指望学生用该课程知识来思考和解释问题，所学的知识仅仅是知识，不能支持思维，难以应用到实践。

其二，所有知识都由概念组织联结。该要义突出知识节点，隐含着重要的学习方法——找出核心概念。学习不只可以循序渐进，还可以是跨越式的，构建核心概念之间的联系，自成体系。这种建构必然存在大量问题，要求学生必然采用研究性、发现性学习方式，讨论、教师指导必不可少，这是一种高质蜇的学习方式。

其三，课程逻辑是对特定问题的解答模式。每种课程知识都舍自己的核心概念和关键原理，这是问题研究选择视角的客观基础。这些特殊术语和表达逻辑，形成了课程学习和问题研究的特殊思维范式。这也就是上文所分析的专业研究范式，它能够促使学生的学习和思考专业化、深刻化。

思维第二问：思维遵循什么样的形式逻辑？

对任何事物、问题的思考，首先都要明确其目的，因为目的影响提出问题的方式，提出问题的方式影响收集信息的类别，占有的信息决定解释它们的方式，解释方式决定如何使其形成概念，概念化的方式影响据此做出的假设，假设决定推理应有的含义，含义决定我们看问题的方式，也就是观点。

其一，有目的的思考。思考都有目的，有时不一定意识到，或者有些模糊，必须使目的明朗化。这样，为了达到这个目的，需要做什么事，达到什么目标，应该怎么去做，问题自然就来了。目标不同，问题指向自然不同。

其二，心存概念思考。有意识地将现象、事物概念化，只有当对一件事情形成概念时，才可能思考它，这样才能将事物与思维纳入一个网络。感官意识向概念意识的递升，是思维深入的开始。批判性思维者的一个基本能力就是懂得如何透过现象抓住本质。

其三，评估信息。要进行推理思考，就需要借助论据、数据、经验等。提出的问题决定了材料收集的方向，评估收集的材料信息与问题的联系能否支持推理，要养成探究事物之间内部逻辑关系的习惯，对材料进行去伪存真、去粗存精，对信息按专题进行分类整理。

其四，区分推论和假设。推论都是在假设基础上通过推理得来的，人们常常把自己相信的、认为正确的东西作为假设前提，它是我们自身信念体系的一部分，假设不同，结论自然不同。要明晰逻辑思维路径，就要清楚其中的假设前提和推论。增强批判性思维能力的一个重要途径就是将自身思想中潜意识的部分提升到有意识层面，包括确认和重建自己得出的推论，作为假设前提进行推理，这有利于从新的视角思考问题，更有助于过滤、整理自身的积累，保留有价值的信息。在专业学习中，每一种假设前提都源于对基本概念和原理的理解，得出的正确推论可以作为以后推理的假设，拓宽自己的眼界，积累经验。

其五，识别观点。大多数学生不知道如何清楚地确认自己和他人的观点，往往在让他们解释或确认自己的观点时，多数学生开始讲述自己想到的东西，而不是观点。一个人要掌握观点，就要练习把它呈现出来，表达出来。我们能够越多地识别自己和别人在思考中所使用的观点，能够学着越多地运用观点去思考，就能更有效地在思考中使用观点。

第二节　外生要素：国家和社会需要

哈罗德·铂金通过对大学的分析指出："国家和社会的需要是大学存在的唯一依据，如果社会不能从它原有的机构获得它所需要的东西，它将导致其他机构的产生"这个论断揭示了大学使命的法理依据，也是大学存在的法理基础。大学满要，也应该向国家和社会负责，毕竟大学需要生存的土壤，国家和社会的需求是高校教学质量保障主要的外生要素。下面将从质量生成的视角来考察大学对国家和社会需求产生的质量依赖以及自身的质量觉醒，以揭示大学质保障的外生逻辑。

一、国家和社会需要的实质

国家和社会需要高校培养人才，在这些人才需求的背后，被期待的逻辑却不同，社会需要将知识转化为财富的人才，而国家需要将财富转化为力量的人才。纵观世界各国高等教育的发展，高校在适应国家和社会需要的过程中，这种适应轨迹又因具体国情的不同而出现分野：在欧美国家，高校因奉行自治与自由的核心价值观，按照高校自身的发展逻辑，需要吸纳社会资源和社会力量参与自身发展而主动适应社会和国家的发展需求，但是这种适应对学校来说是第二位的，是服从于高校的自主发展的；而在我国，由于自治和自由的办学理念相对薄弱，高校更多的是围绕高层教育行政指令做出发展战略调整，适应政府需要是第一位的，其发展逻辑基本是被动的，"拨一拨转一转"的痕迹非常明显。

《国家中长期教育改革和发展规划纲要（2010—2020年）》中指出："高校要牢固树立主动为社会服务的意识，全方位开展服务。"这本来是高校自身的第三项职能：服务社会。这是高校自身发展的需要，也是地方高校做强的必由路径。美国硅谷的形成，起初就是因为斯坦福大学师生的一些研究成果与社会的风险投资基金合作产生了巨大的社会效益和经济效益。这种产学研合作模式得以风靡全国，进而被世界各国高校所借鉴，包括比尔·盖茨的微软的形成也是遵循了这个发展逻辑，当然其壮大的资金来源不仅有风险投资基金，还有一部分家族资源参与。但是，它们发展起来的逻辑基本上是先有科研成果，然后寻找市场，将研究成果转化为经济效益。后来，各国的产学研合作更多的是高校以申请横向课题的模式与企事业单位进行合作研发．是一种先有市场需求，后有适应需求的科研成果的模式。

二、外部质量保障体系

外生要素催生外部质量保障，满足国家和社会需求需要一套相应的制度以及机制来体现政府和社会的意志，相应地催生了外部质量保障，尤其是中国，在高校自治和自由办学理念相对薄弱的背景下，外部质量保障在一定程度上直接规约甚至决定了内部质量保障的方向，在运作上自然形成了一套质量保障机制，这套机制影响着高校的质量保障理念和价值倾向，左右着高校对教学质量评估制度的深度理解。"日本、美国与新加坡的经验说明，一个国家更重要的财富是其能促进财富创造的制度机制及与其相匹配的自由金融创新体系，这种制度财富是无形的，但它比有形的'地大物博'更重要、更值钱

（一）高等教育外部质量保障体系的特点

外部保障体系从其存在环境和服务需求分析，应该包括两方面：一是政府主导的评估，反映国家意志和需求，由国家机构领导，依据国家颁布的制度和评估条例对高校进行外部质量评估；二是市场主导的评估，体现社会和市场的需求，防止高等教育发展自弹自唱，脱离社会和市场发展需求，一般由官方授权成立的社会、民间评估机构对高校进行外部质量评估。对高等教育质量的满意度进行评估，被称为第三方评估。因各国的国情和高等教育发展历程的不同，各国高等教育外部质量保障体系具有各自不同的特点。

（二）英美高等教育外部质量保障体系的特点

1. 英国高等教育外部质量保障体系的特点

英国高等教育外部质量保障体系是介于官方和民间的质量保障机构模式的典型代表。以英国高等教育质量保障署（QAA）为主，包括高等教育基金委员会（HEF-CS）和科研评估组（RAE），组成了英国高等教育质量保障的主体体系。在校外评估方面，主要是通过高等教育基金委员会（HEFCs）进行经费补助，委托英国高等教育质量保障署和科研评估组分别对高校进行学术评估和科研评估，其中学术评估又分为学科评估和院校评估。审核的重点不是直接评估高校的教学质量，而是评估高校内部质量保障框架的有效性。

英国高等教育质量保障署的具体职责是与高等教育拨款机构、教师、学生、雇主等合作，维护学生及广大市民的利益，维护学术标准和高等教育质量；为学生和雇主提供有关学术标准和高等教育质量的信息以便他们选择或理解，同时支持公共政策的制定；提高高等教育标准和质量的管理与保证；促进公众对高等教育标准和质量性质有更广泛的了解，包括对相关参照标准的了解对其他欧洲国家和国际惯例的了解等。英国高等教育质量保障署的质量保障工作由非政府人员主持，政府只负责制定总体的科研政策和在总体控制拨款数额，而不介入具体工作。因此，通过英国高等教育质量保障署等质量保障中介机构，英国政府实现了对高等教育的间接干预和控制。

2. 美国高等教育外部质量保障体系的特点

美国是民间质量保障机构模式的典型代表。美国民间的院校、专业评估认证机构，以及具有协调管理功能的高等教育鉴定委员会（CHEA），组成了高等教育质量保障的主体体系。美国高等教育的评估认证机构一般是由高校和专业协会自发组成的民间组织，根据

其评估对象的不同又可分为院校鉴定机构和专业鉴定机构。这些机构受政府的资助而又独立于政府，是依法建立、以多样形式为特征的高等教育评估认证中介机构。] 这些机构的认证运行和可信度情况通过高等教育鉴定委员会进行协调和认可。

美国中介性认证机构就组织结构而言，是一个由高等教育协会、高等学校以及社会各界代表组成的会员制的中介组织，是参与者的志愿组织。美国高等教育评估是高等学校的志愿活动。高等教育评估认证组织是这一志愿系统的组成部分。这种志愿性主要表现在：第一，美国高等教育评估组织由各类学校自发联合组成；第二，这些组织的评估活动由高等学校或相关院系自愿申请参加，在它们不提出申请的情况下，认证组织不会主动对它们进行评估，也没有权力强制它们参加认证。认证机构和办学机构的责任和权利通过自愿成立的组织进行协调，不具有强制性。认证机构的责任是通过鉴定活动在高校与高校、高校与社会、高校与专门行业间进行沟通。认证机构对高等教育的鉴定结果直接影响高校的声誉、生源和财政资助，大多数美国高校都能积极参与认证，因此，此类机构具有较强的社会影响力。美国联邦教育部和各州教育主管部门对评估机构均没有任何法定的管理权力，它们是平等相待、互相尊重的伙伴，不是管理与被管理的关系。

（三）我国高等教育外部质量保障体系的特点

我国形成了"五位一体"评估制度，即以学校自我评估为基础，以审核评估、专业认证及评估、国际评估和教学基本状态数据常态监测为主要内容，政府、学校、专门机构和社会多元评估相结合的教学评估制度，即所谓的"五位一体"评估制度。尤其是院校审核评估、专业认证评估，由学校自愿提出申请参与，赋予了学校较大的自主权，客观上激励了高校重视自我评估、提升教育教学质量，是较大的制度创新。

我国高等教育外部质量保障体系是官方质量保障机构模式的典型代表，政府是高校的举办者、管理者以及评价者，其组织模式是教育部制定政策，评估中心负责组织实施，强调各级政府教育主管部门在教育评估中的组织、领导作用。该体系的缺陷是导致第三方评估式微，难以得到认同。而且由于该体系的主体权威性，评估结果对高校的声誉、资源获取具有决定性作用，导致高校对评估结果的过度关注，一些造假行为和公关行为难以禁止，评估结果一定程度上存在搞利益平衡的现象。

教育部代表国家提供有关学术标准和高等教育质量的信息，并组织对各高校的评估和认证，且在某些质量工程项目上根据评估数据对高校进行有选择性的拨款资助。在综合性评估中，教育部与高校体现了一种有限合作关系：评估标准是在听取各高校意见的基础上综合制定的，由学校自愿申请参与评估，鼓励和尊重学校创建特色。但在一些质量工程专项评估中，则反映了教育部对高校的间接控制，出现"跑部钱进"的现象。

通过对英、美、中三国的高等教育外部质量保障体系的比较可见，英、美虽然主体构成不同，但有一个共同特点就是重视高校自身积极性和主动性的发挥，通过外部保障激励、刺激高校对外界做出反应。我国的"五位一体"评估制度改革，借鉴了其优点，以高校自我评估为基础，尤其是近年来的审核评估，与英国高等教育的外部质量保障异曲同工，重视评估高校内部质量保障框架的有效性，激活高校质量保障意识，同时专业认证及评估、国际评估又为高校追求卓越、走向世界树立了质量发展标杆，促使高校根据自身情况制订发展阶段规划。高校自身内部质量保障如何与外界质量保障契合从而促进自身发展，则是高校抓机遇、提质量的规划重点。

三、内、外部质量保障契合的应然诉求

基于认识论的高等教育哲学观认为，大学存在的一个重要基础是研究、传授高深学问。在此过程中，大学是一个"按照自身规律发展的独立的有机体"，它遵循学术发展的逻辑，代表高校内部管理的需求，外部需求在尊重内部管理需求的基础上才能得以满足，因为"如果大学不可避免地被卷入复杂的社会中去的话，那么我们就既需要专业方面的高深学问，也需要研究方面的高深学问。经验及历史表明，当这两方面相互结合起来的时候，它们各自都得到繁荣并发展"。高深学问的研究与应用就是内外部质量保障的契合点，该契合点在高校规划尤其是地方高校的规划中，最明智的选择就是围绕校企合作、产教融合进行知识选择和专业规划，重视价值依附和资源吸纳，进行知识—能力—财富的转化探索。

第三节　驱动要素：质量自觉与质量保障逻辑

教学质量保障的关键是要有敏锐的质量意识，通过提升质量的教学行为和促进质量提升的管理行为，深化对质量态度、质量情感、质量目标、质量道德和质量价值观的认识。关于质量意识的培养，最具说服力和促进力的当域质量评价。质量评价可以使任何一个无质量意识的个体被动或主动地参与到质量评估活动中，对质量有一个概观的认识。当存在一系列质量评价标准和质量保障举措时，质量意识在保障和提升质量的过程中发展为质量自觉。这个过程中有一个基本的理念识别：到底什么是评价？什么是评估？

一、评价与评估

（一）评价的作用机理

库巴在《第四代评价理论》中提出："评价就是对被评事物赋予价值，它本质上是一种心理建构，评价描述的并不是事物真正的、客观的状态，而是参与评价的人或团体关于评价对象的一种主观性认识，是一种通过'协商'而形成的'共同的心理建构'。"由此分析，评价的本质是共同建构，建构价值标准，为评估活动的开展提供标准依据。评价涉及各利益相关者，价值多元是评价必然要回应的首要问题，为正确回应各利益相关者的心

理诉求，需要评价者贴近其工作环境．在自然情境下收集各种信息，梳理出其在不同环境中的需求和期望，运用协商的方式，求同存异，引导他们达成共识。

众所周知，评价的核心是标准问题，标准的核心是定位问题，定位的关键是评价理念问题。我国传统的评价理念是：我好不好不能，自己说了算，别人说我好，我才是好。这种理念反映了文化不自信，其结果是不敢凸显特色，导致办学趋同化。针对教学质量评价，有一个上位的质量标准，即教育部在教学合格评估中制定的标准，各学校需要对照标准进行建设和改进，达到合格水平后，就该进入个性（特色）发展阶段。在教育部没有统一标准的前提下，各学校应在考虑政府、用人单位、教师、学生诉求的基础上，制订自身的质量标准；也就是说，需要转变评价理念：我好不好，我自己说了算。当然，不是自说自话，而是有根据、有条件地证明自身的教学质量水平。教育部推行的审核评估，其"关注的重点是院校内部质量保障机制的有效性．它不直接评审质鼠，但其调查质量程序弓所陈述目标的适切性、实际质量活动与计划的符合度以及活动对于实现所陈述目标的有效性"。审核评估客观上督促学校转变评价理念，这种转变在根本上促使学校重视目标和标准的制定，严格监控目标和标准的落实与执行，从根本上培养质量自觉，提高质量自信，促进学校建立自身的质量正循环体系。

评价可以对一所学校起到彻底变革的作用，但是，这种作用要得到实现的话，一些核心价值观，比如说系统收集与学习成效相关的数据与信息、改进学生的学习成效等，对于质量产生的关键环节，只靠外部评估难以全面、恰当地做出评判，学校自身的评价必须成为学校文化不可分割的一部分。成功的评价不仅仅涉及评价的技巧、过程，还涉及评价的结果；它是一个文化问题，会影响到教师群体如何看待自己的工作和对学生应负的责任。值得注意的是，即使是在以本科教学为办学重心的学校中，评价文化一般都尚未发展成为常规性的行为，它的成长还需要不断的呵护和支持。一项有生命力的评价规划要求教师突破学科和系科的藩篱，从整体的角度看待学生的学习，共同承担起实现学校教育规划的责任。在现在的高等院校中，这种责任既不容易被激发起来，也不容易维持下去。然而，成功的评价运动能够使教师和学生都受益无穷。

（二）评价与评估的关系

从某种意义上来讲，评估结论是对评估对象的价值或所处状态的一种意见和判断。而这种意见和判断，则是建立在对评估对象的技术可能性、经济合理性的充分、客观和科学分析过程的基础上的，因而能给相关部门或单位提供可靠的参考依据。简而言之，评价必须要经过评估过程，评估需要对事物的价值或状态进行分析说明，所以评估与评价的本质量性不同，评估的本质是事实判断，评价的本质是价值判断。评估是为掌握事实，按照标准对此事实进行价值判断，即为评价。

因为评估活动一般都要形成评估报告，包括评估结论，在此背景下，评价与评估从确定性程度上来讲并没有什么原则的区别，两者都是基于衡量某一特定对象的质量、特征、价值等标准而做出的一个评判的过程及其结果，所以常常混淆使用。但是具体到参与主体维度上，评价和评估是有明显区别的，比如学校、教师乃至学生都可以对自身工作和学习进行评估，清楚自身在做什么、做了什么、怎么做的；而对自身工作、学习进行评价，就需要对照相应的标准，来判断做得怎么样以及为什么要做。

（三）评估的作用机理与质量保障逻辑

评估是指依据某种目标、标准、技术或手段，收集所需资料和数据的过程。有人对评估做了进一步延伸，即对资料和数据进行分析、研究和解释，并判断其效果和价值的过程。评估报告则是在此基础上形成的书面材料，对方案进行评估和论证，以决定是否采纳。评估关键要审核评估方案是否科学、符合实际。评估隐含着价值期待，隐含着要指导的阶段工作成效如何。评估项目的设定相应地映射着指标的标准，在对照标准的基础上得出的结论即成为评价结果。因此，评估的特征是就事论事．实事求是。作假的评估很容易被指认，但是评价因为对标准的解读和把握的主观性而难以指认。

"五位一体"评估制度内在地体现了教学质量保障逻辑，是高校教学质量保障的一种重要驱动力量。作为一个整体，基于质量生成视角，五种制度设计功能不同，其对学校教学质量保障所起的作用以及价值也有所不同：作为具有高级要求的周期性审核评估和专业认证评估，更多的是对学校的一种肯定，不仅有利于提高学校声誉，而且专业认证可有力助推学校走向国际评估，是学校质量保障努力的目标，但它们很明显是以学校自我评估为基础的，是学校在对本校教育教学质量有了一个基本的判断以后的一种或然选择，是自我评估后的一种质量自信对质显保障目标的异质跨越，对学校质量保障工作具有极强的鞭策、激励作用。而教学基本状态数据监测作为学校的一项经常性工作，一般以学年为周期单位采集信息，本身就属于子我评估信息采集的一部分，因其具有全面和可独立运作的机制而单独作为一种质量检测手段，其数据作为自我评估分析的一项依据，对质量生成和质量提高本身没有直接作用，但是可以反映学校一个时期的质量状况和支持质量的资源配置状况。

教育部"五位一体"评估制度的发布"第一次真正将学校的自我评估作为评估制度的基础性、前提性的主体工作内容将评估的选择权和自主权让渡给学校，进一步突出学校的自主性，各种形式的评估都是建立在学校自我评估的基础上的。自我评估作为能够直接切入教学及管理过程、提高教学质崖:的手段，是教学质量保障的核心驱动因素，能发挥自我诊断、自我改进和自我提高的作用，学校可以根据自身的教学实际，有针对性地选择自我评估项目，发挥自身的主体性、自觉性和创造性。

以往的评估倾向于通过专家审查来落实管理要求，通过专家的评判来增加评估结论的权威性，这是"我好不好不能自己说了算，别人说我好，我才是好"的评价理念在作祟。问题是这种评估总是把评估对象排除在外，使得评估者和评估对象之间形成紧张对立的关系，评估对象以"通过检查"的目的来应对评估，对事实有所夸张、有所隐藏，甚至弄虚作假、投其所好，以至于一提到评估，教师就有一种对立情绪，就认为是自己"被检查，被找茬"。而自我评估则强调学校的主体性，重视评估对象的参与和意见申诉，更看重通过同行、同事之间的交流来提供专业支持，通过信息和事实判断，以共同认可的事实为载体进行相互交流、共同建构。审视自我评估过程，自我评估的方案、程序、标准、工具等安排向评估对象公开，考虑他们的想法和顾虑，吸收其合理化建议并加以改进，使其清楚自我评估是帮助他们自我改进和提升的一种助力，尽可能避免自我评估中的定位偏差、角色错位和价值扭曲。

二、自我评估与质量改进

因为评估行为的求真性特征，使得评估成为质量保障的基础手段。为深入开展评估工作，各学校建立了教学基本状态数据库，方便评估教学所需的基本事实情况的获取。作为自我评估的一部分，教学基本状态数据库为管理者掌握学校的基本状况和调整改进方向提供了参考，但是对教师和学生这一对教学质量产生的主体来说，并不能促进其提高教学质量和学习质量。教与学都需要遵循一定的逻辑对自身进行评估，认清事实，发现差距，以利改进。为此，首先要树立正确的自我评估理念。

（一）自我评估的理念：回归教学生活

自我评估弥补了外部主体评估的不足，重点监测质量生成环节，立足于对自身工作的监测、分析和判断，贴近教、学、管工作实际。"其目的在于使学校每一个部门和每一个个体都成为教育教学及管理活动的反思者、批判者和建构者。自我评估实质是一种发展性评估，它指向学校及其内部每一个成员的发展。"自我评估因评估项目、评估方式及内容可以根据发展阶段和实际情况不同而自行选择，使质量生成、问题发现与分析更贴近教学实际，充分体现了以高校自主发展为前提和目标。纵观欧美高等教育质量保障体系，其主体性主要体现在大学的自我约束和监控体制上，其质量保障的关键并非依赖外部对院校质量进行评估以实现保障质量的职责，而是评估院校内部质量保障体系的有效性，促进院校自身保障质量能力的提高。我们认为，自我评估有三大理念支柱。

1. 以学生为中心

首先，以学生为中心是由高校的使命和职能所决定的。人才培养是高校的第一职能，高校通过向社会输送高素质人才来实现服务社会、服务区域经济发展的办学宗旨。自我评估总体框架设计要针对学校办学目标与社会发展需求的契合度、人才培养规格的达成度，以使自己获取相关资料和数据，检验自身是否达成目标。其次，以学生为中心是高校不断进取、追求卓越的必然选择。高校通过合格评估后要想做强，获得更多的外部支持，必然要选择参与审核评估和专业认证及评估之路。而审核评估关注的重点是院校内部质量保障机制的有效性，学校必须提供资料、数据证明实际质量活动与计划的符合度以及活动对于实现所陈述目标的有效性，而学生又是教学活动的主体，是教学质量的体现者，自我评估必须围绕学生学习需要是否得以满足、学生索质是否得以提高而展开。专业认证及评估的第一核心理念就是以学生为中心，关注全体学生，而非少数学生的"标志性成果"；评估焦点是对学生表现的评价，对培养规格与培养目标达成度的评价，必须分解为对学生整个学习过程中的全程跟踪与进程式评估，并通过记录行程性评价的过程和效果，证明学生能力的达成。这些必须通过经常性自我评估才能得以完成数据和证据资料的充足积累，也是自我评估基本的而重要的内容之一。

2. 以问题—改进为导向

自我评估是高校内部质量保障工作的基石，现在各高校都在进行内部质量保障建设工作，围绕保障体系的建立，相关工作开展都需要通过自我评估获取第一手资料，发现问题，提出改进意见，并针对学校工作实际，确定某个时期的工作重点，确定自我评估考察要索，进入有选择性的自我评估良性循环过程。这在客观上有利于培养质量意识，落实持续改进的工作理念。这种以问题—改进为导向的自我评估理念，其实质是如何对待事实性判断，通过评估获得数据、凋查资料、现场事实，对照学校的有关要求、标准以及教育教学基本常识，判断其是否存在问题，将原始资料和问题诊断一并通报给评估对象，听取其对该评估的解释、申述及观点。自我评估以共同探讨和探索改进为根本目的，但只要评估对象认可事实及问题，就应该相应地针对问题进行整改，避免了形式主义。从工作推进逻辑来分析，自我评估遵循的是"事实是什么，问题在哪里，应该怎么办"的逻辑，是一种基于认识自我、谋求改进的制度安排；而审核评估遵循的是"目标怎么样，事实是什么，事实与目标的符合度"的逻辑，重视事实核查，是一种帮助发现、帮助建设的制度安排；专业认证及评估遵循的是"标准是什么（校方、评估专家），举证达成标准要求（校方），判定达成标准要求（评估专家）"的逻辑，本质上是一种合格评估，是一种资格赋予的制度安排。以问题—改进为导向的自我评估在制度设计、评估工作开展、评估后续工作安排等方面都更加有利于教学质量:的持续改进。自我评估关注工作推进过程中的问题发现与改进，重视质量监测、知识增值和价值提升，尤其是形成性自我评估，弱化结果排名，重视事实判断和问题分析，很好地抑制了投其所好的质量投机行为的发生。

3. 以教师发展为重点

高等教育质量的改进还是要取决于教学的实施。西奥多·马奇思针对评价指出，评价本身并不能保证教学质量的改进与提高，就像温度计治愈不了发烧一样。只有在课程改革中与良好的教学结合起来，它才能发挥加强教育的作用。"作为课程改革和教学的执行者，教师理当也应该成为自我评估的重点对象。对教师的评估首先要回答四个问题：我们想让学生取得的学习成果是什么（目标）？我们为什么要让学生取得这样的学习成果（个体发展、社会需求）？我们如何有效地帮助学生取得这些学习成果（教学管理、教学过程）？我们如何知道学生已经取得了这些学习成果（学习评价）？这四个问题成为制订评估方案的出发点，相关的目标分解、标准制订、评估项目设置、评估要点、评估结论有机地形成一个体系，较好地体现了以学生为中心，能够有力地促进质量保障和改进工作。

（二）自我评估的推进重点

成功的教学质量自我评估建立在质量生成洞察力的基础上，是对内在价值与外在行为之间关系的一种深刻理解。通过简单地走评估流程获得数据来判断教学质量，质量的生成与判断完全就像是在黑箱中运行一样让人莫名其妙。自我评估就是要打开质量生成及成因的黑箱，让学生的学习体验、学习观点、学习成果有章可循、有据可查，为质量保障和改进提供依据。自我评估应重点关注的评估项目有以下几点。

1. 是否制订了以学习为中心的课程大纲

教育学家斯普朗格说过，教育的最终目的，不是传授已有的东西，而是要把人的创造力量诱导出来，将生命感、价值感唤醒。唤醒，是一种教育手段。人一旦得到更多的信任和期待，内在动力就会被激发，会更聪明、能干、有悟性。这种有关学习本质和教育本质的观念与设想，指明了教学要以培养学生在学业和事业上成功所必需的能力为核心，思考的重心要从关注教师教什么转向关注学生学什么，与其说教师是知识的传播者，不如说教师是学习的促进者。这种转变，要求改变观念，重新认识课程、学生学习过程设计和教师教学过程设计。而传统的课程教学大纲是为以教师或内容为中心的课堂而设计的，未能帮助学生理解他们在学习过程中所扮演的日益丰富的角色。如果要让学生理解我们对他们的要求和我们对他们学习过程的计划，我们必须像他们提供更多的综合性信息。

以学习为中心的大纲把学生置于以下问题的中心：为了从教育过程中获得最大的收益，学生应该了解什么？约翰•劳夫对荣获"卡内基教师年度奖"的教师进行过研究，发现了这些模范教师所设计的大纲有一些重要的共同点，最为明显的是它们详尽明确。每份大纲都有明确阐明的课程目标，规定阅读任务及其完成期限的日程进度表，有关补考、考勤及评分标准的说明。他们还向学生提供自己的办公联系时间。很显然，这些教师通过他们的行为——他们在课堂上的教学行为，以及这些行为与他们的教学大纲所体现出的一致性——向学生传达了行为标准。

制订以学习为中心的课程教学大纲需要高屋建瓴，综合社会发展需求、学生个体发展需求、学科专业发展内在逻辑，更重要的是需要换位思考，站在学生的立场思考如下问题：什么样的信息能够帮助学生学好我们任教的课程？我们应该向学生提供如下一些信息。

其一，开课理由：课程与课程体系的一致性、社会需求、个体发展、培养有学科特色的并与核心要求有关的能力的介绍。

其二，现行课程目标：学习成效、评价手段和工具（考试考什么？记忆？理解？综合能力？符合逻辑地提出证据的能力？灵活运用知识的能力？）、教师对学生的期望以及学生为学好课程应承担的责任。

其三，课程内容概要：教学流程图、单元纲目、选学内容、课程学习策略、课程内容对专业能力培养的支撑关系（课程对学生的思想和实践有什么益处）。

其四，评价程序：学分和分数等级、要求及任务、应具备的基础能力和有学科特色的能力的评价依据。

其五，各单元具体情况：目标、选学内容、水平等级、任务与要求及其布置目的、授课方式（以讲座、讨论还是小组讨论为主）、实践活动流程图。

其六，教学材料：教科书、参考书目及不易找到的阅读材料。

其七，自测卷（附答案）：给学生一个检查自己能否达到目标要求的机会。

其八，信息交流：教师应了解学生对该课程的期望以及学生希望得到的指导，学生应了解教学的重点。

2.教学是否向以学生为中心转换

有效的教学首要的问题是思考学习应该如何产生以及应该如何评价学生。学习得以产生的基本条件是看到（知识的呈现、知识产生的结果）、体会到（参与知识的讨论、知识的应用背景、实践）和想到（所学知识与内化知识、应用方法的联系）。教学就是要创造看到、体会到和想到的情境，引导学生进入学习活动，并对其学习表现做出评价。教学自我评估应侧重以下几点。

第一，是否明确教学目标和要求。教学和评价都是以教学目标的阐述为基础的，没有阐述得当的教学目标和要求，就不可能产生好的教学规划，评价也就缺乏收集数据和进行决策所赖以存在的基础。任何形式的教学目标都应该做到以学习成效为依据来进行描述，让学生了解对他们的期望以及评价方式。不能因大班教学不能一一评价学生而放弃评价环节，坚持每节课都评价若干学生，一来可以引起学生对教学的重视，了解自身的学习成效；二来可以使每个学生都得到评价指导，为学生学会自身评价提供方法指导，让学生学会评价自身；三来可以为评价学生的学习成效提供基础依据；四来可以为教师反思教学、教学方式的选择与改进提供基础。

第二，是否促进学生基本学习技能的提高。"最近50年的各项权威性研究已经反复证明，在讨论中，学生给予的注意和思维活动都更为积极。"推动学生参与讨论学习是大学重要的学习方法之一，通过思考练习帮助学生学会按照教学内容进行思考，帮助学生学会评价自己以及他人的观点是否合理，为学生构想运用基本理论的方法提供机会，帮助学生整合已学到的知识并获得学习情况的反馈。学会组织讨论、推动讨论是一项重要的教学技能，不管以何种形式开始的讨论，都离不开阐明问题、分析问题和解决问题这一套路，采用讨论来促进学生的学习，不在于提问以后马上寻求解答、寻求论据，而在于帮助学生厘清问题、产生思路、谋求解决。

一是阐明问题：定位问题核心，针对问题界定几个核心概念或重要原理。

二是提出可以接受的假设：讨论者可能因为对问题的理解不同而出现"鸡同鸭讲"的无效讨论情况，这就需要清楚问题的产生背景，在背景不明的情况下可以提出各种假设。

三是收集资料：针对已掌握的问题背景，我们知道什么，或有什么相关资料，收集相关资料。

四是选择答案：可能的解答有哪些，评价可供选择的其他解决方式。

教师可控的是提出的问题要与教学内容相关，至于问题的解决方式及结果则是不可控的，但是可以有根据地进行评价，促使学生学会分析问题和评价学习成效。

第三，是否促进深层次学习。专业教学是大学教学独有的特色，不同学科有不同的论文结构、不同的论证模式和不同的研究与解决问题的方式。研究表明，一个领域专业特长的标志就是拥有一个组织有序的知识结构以及一套获得和整合新知识的策略方法。对深层次学习的自我评估应关注以下几点。

一是知识结构：学生是否形成以核心概念、核心原理为节点的网状知识结构。

二是思维模式：学生能否掌握本专业的思维模式，能否评价本专业经典文献的论证模式。

三是毕业设计：学生能够描述毕业设计的论证结构、理论基础、技术路线。

四是管理学习：设置和控制一个学习目标所需的方式；能否以目标的达成过程，及时提醒自己；是否建立为了完成类似任务所需的有效策略组合。

3. 管理是否向规范和服务转变

管理虽然与质量生成没有直接关系，但是却直接关系到质量生成的背景，为质量生成提供条件保障，直接关系到办学定位和质量标准的选择。联合国教科文组织曾经指出，衡量一个国家教育发展的程度，就是看这个国家的教育行政官员和教师有没有相当的教育评价知识和能力。对教学管理的自我评估应注重以下几点。

其一，按照国家的通用标准对教学支持条件进行自我评估。

其二，在参照国家通用标准的基础上，结合学校实际，给教学各环节制订质量标准，突出学校自身的特色建设，并让全体师生学习、知晓评估标准。

其三，教育管理人员、教师必须明确自身在教学质量提升过程中的责任，满足目标要求。

其四，有明确的制度与措施激励教师对教学有适当的投人。

其五，有明确的执行制度和激励制度，保障教师为学生提供指导、服务并对学生进行职业生涯规划，对学生职业从业教育进行足够的指导。

第四章 高校教学质量保障模式

从本质上说，高等教学质量保证是政府、高校与社会为了实现各自的高等教学利益和质量诉求而进行博弈的实践活动。在博弈的过程中，国家权力、市场和院校自治这三种力量在不同时空背景下的张力与整合，形成了不同的质量保证模式。可以说，每一种模式的形成都是特定环境下高等教学质量保证主体之间博弈的结果。每一种模式都有其独特的结构与特征、优势与不足。模式变革的趋势是朝向多元复合型模式发展，以有效地协调多元主体的价值需求，在国家权力、市场与院校自治之间达到平衡。

第一节 自主型模式

所谓自主型模式，是指政府与社会不参与高等教学质量保证活动，而由高校全面负责高等教学质量保证事宜的一种质量管理制度。在自主型模式中，高校通过其内部质量保证的政策与过程，向政府和社会做出质量承诺，并赢得它们的信任。

一、自主型模式的结构

（一）自主型模式的生成环境

历史地看，自主型模式形成最早，其雏形可以追溯至中世纪大学的质量管理。

大学是一个"按照自身规律发展的独立的有机体"。作为现代大学的前身、被誉为人类文化史上"智慧的花朵"的中世纪大学，主要是在内在逻辑作用下产生的。中世纪大学是一种行会。现代大学许多内在逻辑就是在中世纪大学形成的：其一，大学是师生自愿组织起来传授和学习知识的学者行会，因而追求知识的真谛就成了大学最初也是最基本的职能。由于对知识的探索是没有国界的，当时大学都是国际性的，聚集着来自世界各地的学者，教授"七艺"，而且使用中世纪欧洲通用的拉丁语。它不属于任何一个国家，也不承诺担负国家发展的责任。其二，自治是大学作为自治体最初享有的特权。通过诸如罢课、迁校等努力和抗争，中世纪大学获得教皇或世俗统治者的特许，无论是教师行会还是学生行会，大学事务均由教师或学生自主决定。在教育质量管理方面，教学内容、学术标准、质量评价等都是大学内部事务，不容外界干预或介入。中世纪大学从一开始就企图把自己构建成"象牙之塔"，这种象牙之塔，一方面是大学表明自身对知识和精神追求的超然与执着；另一方面，大学的自治地位也可以使其免受外界的干预或侵犯，专注于自身的学术目标。由此可见，从中世纪大学开始形成的大学自治的传统并不主要是国家权力和市场作用的直接结果，而更多的是大学自然生成的性质和自我保护使然。这种传统成为其后的高等教学机构得以传承和可资利用的文化资源与精神力量。

具体而言，自主型质量保证模式得以生成，主要有如下几个方面的原因：

其一，在高等教学发展的早期，由于生产力发展水平低，科技不发达，高等教学对社会发展的作用并不明显，政府、社会对高等教学的需求并不大。

其二，大学通过对高深知识这一稀缺资源的掌握与控制，也掌握了学术评价的权力。大学是传授和研究高深学问的场所，只有学者才能深刻理解这些学问的内容和复杂性，并判断应如何组织教学和研究工作，故学术问题应由专家单独解决。

其三，政府不干涉高等教学事务，也与政府能力有关。在中世纪，王权、皇权忙于与宗教势力争夺权力，政府自身的能力非常有限，它无暇将其触须渗入到高等教学内部；在现代，高等教学规模日益庞大，政府要全面干预高等教学事务，也感到"力不从心"，"全能政府"的理念被实践证明不足取。

（二）主体与权力结构

在自主型模式中，质量保证的主体是高校，政府与社会不参与高等教学质量保证活动。该模式认为，大学是以生产知识、创造知识和传播知识，培养人才为己任的"学问的场所"、"知识的加工厂"，而且大学所生产、创造、传播的知识并非一般的知识，而是"高深的知识"。"知识材料，尤其是高深知识材料，处于任何高等教学系统的目的和实质的核心。"因此，对大学质量的评价事宜应由具有高深学术造诣的、忠诚于学科发展的学术人员来承担，因为"他们最清楚高深学问的内容，因此他们最有资格决定应该开设哪些科目以及如何讲授。此外，教师还应该决定谁最有资格学习高深学问（招生），谁已经掌握了知识（去考试）并应该获得学位（毕业要求），更显而易见的是，教师比其他人更清楚地知道谁最有资格成为教授（职称晋升）"。

从权力结构来看，自主型模式中院校自治权力占主导，高校内部的成员因共同的精神追求而产生的那种团结和坚定，成为引导大学发展的精神力量，在大学内部形成了一种自治、自律、自省、自我批判、自我成长甚至自我超越的观念与文化。国家权力和市场力的影响都不大。

（三）政策与过程

政策主要包括质量保证的目的、组织、内容、方法等方面。

在质量保证目的上，自主型模式强调的是质量保证的实质性目的，即质量改进与提高，强调改进（improvement）、提高（enhancement），而不是证明（to prove）。通过建立质量保证体系，学校可以获得及时准确的反馈信息，然后根据这些信息分析教育过程中的得与失，总结成功的经验与失败的教训，并调整学校的教育教学活动，从而确保教育质量的不断提高。

在质量保证的组织方面，质量保证活动的开展是由学校内部组织机构负责的，机构的成员主要是学术专家、同行。

在质量保证内容上，该模式关注的是输入保证和过程保证，如实行严格的新生入学选拔和教学人员的甄选、严格的教学管理制度等。

在方法上，主要采用学校内部的自我评估，辅以外部的同行评估。

二、 自主型模式的基本特征

自主型的高等教学质量保证模式历史悠久，影响深远。仔细分析，不难发现它具有如下特征：

（一）自主性

在自主型模式中，高等教学质量问题是高校的内部问题，质量评价与管理属于学术自治的范畴，高校可以自主决定高等教学质量保证事宜。其自主性特征主要体现在以下五个方面：①自主确定质量标准。学校可以根据自身发展及外部需求制定或调整学校的发展目标，并根据目标确立质量标准；②自主设立质量保证机构。学校可以根据质量保证活动的需要，在学校内部设立质量保证机构，对机构的职责、人员的组成等制度做出规定，建立学校内部质量保证体系；③根据学校发展目标与规划，自主决定质量保证的内容与侧重点；④学校可以结合自身的传统与特色，自主选择质量保证的程序与方法；⑤自主决定评估结果的用途。

（二）发展性

自主型模式的发展性特征主要体现在质量观、质量保证目的和方法等方面：①在质量观上，自主型模式认为质量就是"卓越"、"优秀"，质量没有"最好"，只有"更好"，质量是动态的、发展的；②在质量保证目的上，自主型模式更强调实质性目的，即质量的改进与提高，并借助于系统性、周期性地运用评估手段，以实现其诊断与调节功能，发现问题，寻求改进对策，促进学校工作的不断完善；③在质量保证方法上，更多地运用自我评估、同行评估，强调内在动机的激励和自我发展。

（三）单一性

自主型模式的单一性特征，主要体现在质量保证主体和权力结构上：①质量保证主体单一。在自主型模式中，高校全面承担高等教学质量保证的责任，向政府、社会做出质量承诺，并赢得它们的信任。政府、社会不参与高等学校的质量保证活动，或参与程度不高。②权力的单一。在自主型模式中，起决定性作用的是院校自治的力量，高等教学质量评价与管理被视为学术性事务，由高校自身负责，不容外部力量的干涉。质量标准的确立、质量保证机构的组成等都离不开学术人员，学术力量主导着模式的运行。

（四）封闭性

由于质量保证主体及权力的单一，使得自主型模式呈现出一定的封闭性：质量保证的政策，包括质量保证的目的、侧重点、机构的设置、程序与方法等，都由学校自主决定，并由学校组织力量加以实施，在整个质量保证过程中，学校外界的力量对学校的影响不大。

三、自主型模式面临的挑战

在高等教学发展的早期，高等教学的规模、作用等都非常有限，由高等教学内部完全承担质量保证事宜的自主型模式，基本符合各主体的质量需求。随着高等院校由学者的行会转变为由国家主办、资助或依法管理的机构，由单纯传授知识、研究纯理论的高墙深院转变为教学与科研相结合并直接服务于社会的重要组织，由"象牙塔"变成了"加油站"，自主型模式面临愈益增多的挑战。正如布鲁贝克所指出的："高等教学越卷入社会的事务中就越有必要用政治观点来看待它。就像战争意义太重大，不能完全交给将军们决定一样，高等教学也相当重要，不能完全留给教授们决定。"因此，由高校自己确定发展目标、质量标准、质量保证的机构与人员、程序与方法等的自主型模式，不再令政府与社会满意。

自主型模式的主体与权力结构的单一性，遭到"谁来监管监管人"的质疑。奈斯贝特认为："高等教学的管理机构必须是由专家和院外人士两方面组成，学术自治才会实际有效。没有前者，大学就会信息不准；没有后者，大学就会变得狭隘、僵化，最后就会与公众的目标完全脱节。"良好的高等教学质量需要院校内部与外部共同努力才能实现。作为高等教学质量的生产者，由学校自己来保证质量是应该的，但仅有"内部保证"是"缺少保证"的，必须有外部力量的参与，将内部保证与外部保证结合起来，才能取得成效。

第二节　控制型模式

所谓控制型模式，是指在高等教学质量保证活动中国家权力起主导作用，由国家意志的执行机构——政府对高等教学进行质量控制，并向社会做出质量承诺和担保的高等教学质量管理制度。在控制型模式中，政府通过制定高等教学的质量保证政策、监督高校的执行，对高等院校实施全方位的质量控制。高校依据政府制定的质量保证政策，确定其质量保证的程序与方法，开展质量保证活动，接受政府的监督与管理。政府对社会做出质量承诺，并期望赢得社会的质量信任。高校与社会的联系是间接的，它们之间的联系以政府为中介。

一、控制型模式的结构

（一）控制型模式的生成环境

"从大约 800 年前的波隆那大学和巴黎大学起，欧洲的高等教学就面临着受国家和教会控制的问题。" 18 世纪以后，出现了国家主义教育价值观，其核心思想是教育必须培养对国家忠诚和有为国家尽忠能力的人，国家为了自我保护和发展才资助和发展教育，国家是领导、管理教育的最高机构。民族国家的建立和逐渐强大，强化了这种价值观念。在这一阶段，国家在高等教学发展中起主导作用，表现在三个方面：其一，高等院校成为国家主办、资助或依法管理的机构，获得了稳定的经费来源，得到了迅速的发展。其二，高等教学世俗化。主要表现在：一是创办新的世俗的高等教学机构为资产阶级服务，如近代大学、州立大学、工科大学；二是原属于教会的高等教学机构逐渐摆脱了教会的控制。其三，高等教学的根本职能是服务于本国的政治、经济，强调国家利益至上。大学已经从传统的以私立大学、教会大学为主转变为以国家主办、资助和依法管理的大学为主，这就决定了高等教学必须把国家事务放在重要位置。高等教学被视为为国家服务的公共事业，高等教学机构被视为国家行政体系的一部分。

（二）主体与权力结构

为了促使高等教学为政府的政治利益和国家的经济发展服务，政府对高校实行垂直式的管理。在控制型模式中，建立在法律、法规基础上的政府行政权力相当强大，为使法令及行政指令得以贯彻执行，政府在大学里设立了与国家机关相对应的庞大的行政管理部门，对整个高等教学进行统一的领导和管理。政府机构的高等教学管理部门的主要职能是制定国家宏观高等教学发展规划及高等学校内部发展规划，并确定高等学校内部的组织制度，包括制定高等学校的人事、财务及招生、学位鉴定与颁发等规章制度。可以说，"政府试图控制高等教学系统的动力的一切方面：入学机会、课程学位要求、考试制度、教学人员的聘任和报酬，等等"。总之，在控制型模式中，国家权力在高等教学质量保证活动中占据主导地位，质量保证的主体是政府，教育行政部门集审批、决策和监督权于一身，对高等教学进行直接的控制，高等学校的主要功能只是具体执行法律所规定的原则和教育行政部门的各项政策及行政命令，学校自主权有限。此外，国家权力十分强大，政府对社会生活领域的控制逐渐强化，从"守夜人"到全面干预的福利国家，在"大政府，小社会"的权力结构中，社会在高等教学质量保证中的作用也十分有限。

（三）政策与过程

1.质量保证目的：绩效责任与决策

在控制型模式中，高等教学由国家举办，高等教学经费的绝大部分由政府提供，因此政府认为高等学校有责任与义务对其资源使用的流向及其效用进行社会交代。政府推动高等教学质量保证体系的建立，其主要目的之一就是希望通过推行高等学校的效能核定，运用绩效指标衡量高校办学效率和效益，促使高等教学更好地适应经济、社会发展的需要，满足政府、社会的问责。

为了实施对高等教学质量的控制与管理，政府教育行政部门需要通过高等教学质量保证体系的建立及运行，及时获得高等学校的质量状况方面的信息，对高校和有关学科专业的办学条件、办学水平、教育质量合格与否、发展程度高低以及办学状态优劣等做出判断，及时发现问题、采取有针对性的纠偏措施，并通过建立将质量评估结果与拨款、资助等直接或间接联系的机制，激励高等院校不断提高教育质量。

总之，在控制型模式中，高等教学质量保证已经成为国家管理高等教学的一种政策工具，质量保证的绩效责任、信息与决策等工具性目的受到相当的重视。

2.质量保证的组织：官方机构主导

在控制型模式中，质量保证机构是政府教育行政部门或与其有隶属关系的评估机构。质量保证机构由政府设立，经费由政府负担，人员由政府认命或委派，机构的组织运行规则由政府制定，可以说质量保证的组织与运行的每一个环节无不体现出国家或政府的意志，具有强烈的官方色彩。

3.质量保证的内容：对高等教学输入的严密控制

控制型模式关注高等教学的输入质量甚于输出质量。国家对高等教学进行统一规划和管理，对院校的设置，专业的开办，课程的开设，学校预算，教师的聘用，学校招生以及考试办法等做出详细规定，高等学校必须严格执行国家的政策规定。

4.程序与方法：外部评估扮演主要角色

在控制型模式中，高等教学质量保证是从高等教学系统外部开始的，外部评估在整个质量保证中扮演主要角色。官方的质量保证机构制定质量保证的标准及指标体系、评估的内容及侧重点，由它组织来自高校外部的相关评估人员对高校进行质量评估。其一般程序是：学校内部人员在接到官方机构的评估通知后，根据外部的标准，对学校本身的目标、现状、过程、及结果做出描述或分析，并将其所得结果撰写成自我评估报告，以作为进一步外部评估的依据。外部评估小组分析自评报告，实地访视（site-visit），做出评估结论。一般情况下，评估结论要提交给政府主管部门，或者公开发表，并作为政府拨款及相关决策的依据。

二、　控制型模式的特征

在控制型模式中，国家权力主导模式的运行，政府部门对高等教学实行自上而下的直接控制，质量保证成为国家管理高等教学的一种政策工具。这一模式具有强制性、统一性、直接性等特征。

（一）强制性

与自主型模式相比，控制型模式的一个重要特征就是其强制性。受国家主义教育价值观的影响，国家权力在高等教学质量保证中相当强大，政府及其教育行政部门制定统一的质量政策与质量标准，并运用法律、行政、评估等手段迫使高等学校严格执行。在质量保证方法上，高校内部自我评估一般仅仅充当外部评估的一个环节，其作用非常有限。外部评估在整个质量保证中扮演主要角色。外部评估的结论作为政府部门教育规划与投资决策的依据，评估报告予以公布，对高校具有强制性的影响。

（二）统一性

高等教学质量保证事宜由政府教育行政机构规划、组织、协调与管理，在质量标准、质量保证的程序与方法等方面具有统一性。

（三）直接性

政府教育行政部门不是通过专门的评估中介机构进行高等教学质量保证事宜，而是直接由它本身负责，自上而下地对高校的日常工作和教学、科研质量进行检查与评估，旨在通过政府部门对高校的微观管理达到保证高等教学质量的目的。

三、控制型模式的评价

在控制型模式中，政府教育行政部门拥有相当集中而明确的权力，因此国家能够有效地控制高等教学发展规模及发展方向。同时，由于在同一等级的高等教学实施同样的行政管理制度，采用同样的质量标准与质量保证方法，有效地保证了高等教学的整体质量和平稳发展。

但是，这种中央集权式的教育质量控制模式，由于整齐划一、生硬僵化及官僚主义、缺乏自主自治等弊病，远不能适应和满足新形势发展的需要。具体而言，其弊端主要有以下几个方面：

第一，妨碍学术自由。弗里德曼在《资本主义与自由》一书里指出："对自由最大的威胁，是权力的集中。为了保护我们的自由，政府是必要的——然而由于权力集中在当权者手中，它也是自由的威胁。"控制型模式从国家主义的教育价值观出发，对高等教学质量保证事务实行集权管理，它往往强调质量保证的工具性目的，如强调以"3E"——效率、效果、经济为核心的绩效指标来衡量高等学校的质量。高等教学行政管理部门，以效率、效果和经济作为主要决策目标，那么，那些没有直接效果的科研、教学和服务就难以占据大学优先发展项目的地位。显然，这与大学的灵魂——学术自由会发生冲突，也不利于高等教学的长远发展。

第二，效率低下。首先，在组织架构上，控制型模式要求一个科层化的组织架构，以利于政府行政部门自上而下地（top—down）对高等学校进行管理，这与高等教学基于学科规训的松散的组织形态的特征是相悖的。由于实行垂直式管理，层层叠叠的行政机构和随之而来的官僚主义办事作风又使得整个系统的效率低下。其次，在高等教学质量保证中，高校处于被动的地位，主体意识淡薄，高校不能充分意识到自评的重要性，对政府自上而下的评估结果只是消极的接受，这样对改进高校工作起不到真正的作用。正如克拉克所说，"试图通过自上而下的监督、规划和管理等手段在系统的大部分范围内保证质量的做法几乎是无补于事的，甚至是自讨没趣的"。此外，对于每一所具体的高等学校的教育质量状况，政府部门与高校存在很大的信息不对称，由于政府评估的结果往往与拨款等挂钩，这势必引起高校对真实信息的屏蔽。其结果是政府花费大量成本，却得不到预期的效果。

第三，不利于高等院校自主发展及形成特色。控制型模式强调实行国家统一的质量标准，并通过对高等学校进行具体的、直接控制与管理来达到质量保证的目的。因此，高等学校在全国统一的标准下，在政府部门的直接控制之下，难以有自主发展的空间，更难以根据学校自身条件和社会需求制定发展方略，形成自身特色。

第四，元评估开展较少，政府评估行为缺乏评价与监督，这种不透明的评估很难保证评估活动不受评估者主观因素的影响，不可避免地会出现政府官员的寻租活动，从而影响到评估的客观公正性和科学民主性。

第三节　市场型模式

所谓市场型模式，是指在高等教学质量保证中市场的调节和导向起主导作用，政府、高校和社会都以市场为中介实现其各自的高等教学质量需求。

一般情况下，政府不参与、不干涉高等教学质量保证活动，而是将市场竞争机制引入高等教学领域，让高等院校面向社会自主办学，直接参与生源市场、科技市场和劳动力市场的竞争。学校可以依据评估结果向政府提出自己的要求，社会可以利用评估结果选择学校、专业和毕业生。

一、市场型模式的结构

（一）市场型模式的生成环境

分权化的政治体制，自由、发达的市场经济，以及高度自主、自我管理的高等教学传统，为市场调节型质量保证模式的生成提供了环境条件。

在自由市场经济国家，分权化的政治体制使得政府的作用被限定在极小的范围，资源配置以市场机制为主，经济决策权高度分散，并以财政、货币政策为主要宏观调控手段。

教育活动的历史遗产，另一方面也是市场经济的基本性质在高等教学活动中的具体反映。在市场经济条件下，作为法人的企业，拥有独立自主做出有关经营活动的一切决定的权力，是商品交换和市场经济得以存在和发展的前提。同样，作为独立的法人，高等院校拥有自主权，是其面向社会、自主办学的必要条件。高校为其自身的活动及其结果负责，当然包括对其活动及其结果的质量负责。

（二）主体与权力结构

在市场调节型模式中，高等教学的管理与决策权力不在中央政府，各种分散力量按照自己的意愿和方式支配着高等教学的运行，高等教学活动呈现极大的市场性，其资源配置也来自多个方面。由于缺乏国家统一的计划调节，整个高等教学活动建立在市场机制之上，乃至高等教学本身就是市场经济体系中的一个有机组成部分。市场力量成为模式运行的主导力量。

在市场调节型模式中，质量保证主体是社会，社会评估机构发挥主导作用。为什么会这样？本书运用信息经济学的信息不对称理论（information asymmetry theory）来解释这一问题。

在市场经济条件下，真正的"优胜劣汰"规则适用的是信息完全、竞争充分的环境。然而，在高等教学市场，行业的特殊性决定了高等教学质量信息的不完全。一方面，教育行业的生产周期长，个人与社会的教育收益不能在短期内立即得到体现，并且收益往往是多方面的，某些方面如教育的间接收益无法具体测量；另一方面，人们对教育质量信息的获取很大程度上是通过对教育结果的观察来进行的，但教育结果不仅仅取决于教育服务的质量，还决定于受教育者个人的素质，这更增加了质量信息在高等教学市场上传播的困难。

在高等教学市场，不仅存在高等教学质量信息的不完全，而且还存在信息不对称。所谓信息不对称，是指交易双方对所要交易的对象拥有的信息在量上和质上的不相等，信息优势的一方有可能凭借信息获利。具体而言，高校与社会间的信息不对称主要包括以下几个方面：其一，家长、学生与高校间的信息不对称。学生在报考大学时，家长、学生对于高校及其专业情况不是很了解，存在着信息不对称。不对称信息的存在使学生与高校之间的相互选择难以达到最优。其二，高校与合作单位之间的信息不对称，例如企业与高校联合搞一个科研项目，企业与高校之间就存在着信息不对称：企业对于高校的科研能力到底如何并不是非常清楚；资金到达后，对于高校的合作程度与努力程度也不清楚，也就是说，隐藏信息与道德风险并存。

在商品市场信息不对称的情况下，就会出现逆向选择，即伪劣商品会堂而皇之进入市场，甚至会排挤优质产品而占据市场的主角，使消费者的效用和正当生产者的利润受到损失。也就是说，利用多于消费者信息的伪劣产品的卖方更容易卖掉其产品，这就是存在于消费品市场的逆向选择。逆向选择的后果是，"劣币驱逐良币"，"格雷欣法则"产生作用，"优胜劣汰法则"的机制失效，从而市场就会出现错误的反馈信号，走向畸形发展。

为了维持市场秩序，就必须消除这种信息不对称。但是，如果当事人直接去获取信息，就存在着一个交易成本，当交易成本达到足够高的时候，当事人就会放弃这种直接获取信息的途径，而去寻求其他途径。在市场调节型模式中，由于政府并不直接干预高等教学，这就为社会中介组织的存在提供了生存空间。

当然，高等学校面对激烈的市场竞争，维持、提升教育质量是其生存与发展的前提。在其内部，高校往往建立质量保证机构，从基层学术单位开始自下而上地进行常规性的自我评估，及时发现问题，并制定改进方案。同时，面对外部评估机构及其他社会团体要求高校提供质量信息和质量证据的需要，学校自我评估也成为应对外部需求的一种机制。

（三）政策与过程

1.质量保证目的：信息与决策

如上所述，在市场调节型模式中，市场力量主导模式的运行。而要使"优胜劣汰法则"在高等教学质量保证中发挥作用，就必须解决高等教学市场的信息不完全、不对称的问题。因此，质量保证的目的主要在于为高等教学的用户提供教育质量信息，为他们的教育决策提供信息支持。

2.质量保证的组织：社会民间机构

为避免因信息不对称而出现逆行选择，导致市场机制失灵，个人、组织、政府都可以直接去获取信息。但是，由于获得高等教学的质量信息的成本太高，个人无法承担；而分权化的政治体制使得政府不直接介入高等教学管理事务。这样，就为社会参与高等教学质量保证提供了空间。特别是那些质量较高、声誉较好的学校，为了阻止学术"格雷欣法则"、维持高等教学市场的有序竞争，它们便自发组织起来，建立一些旨在保护高等教学行业利益的、具有"俱乐部"性质的组织，由这些非官方的组织承担高等教学质量评估、向社会公众提供高等教学质量信息等职责。学术团体、专业协会、民间机构、新闻媒体及私人团体等组成的庞大的社会评估在市场调节型模式中发挥主导作用，它们直接参与高等教学质量的鉴定和评价，从外部对高等教学质量进行保证。

3.质量保证的内容：更关注高等教学输出

社会，既是高等教学办学资源的提供者之一，又是高等教学产品和服务的最终用户，其判断质量高低的标准就是高等学校培养的人才、科学研究成果是否满足其需要以及满足的程度如何，它关心的是高等教学的输出。

4.程序与方法：以鉴定、认可为主

为了达到质量保证的目的——实现信息对称、合理决策，雇主、学生及家长等对质量信息本身的质量要求很高，"第三方认证"可以向他们提供准确的高等教学质量信息。认证制度实施第三方认证，即由具有权威性的认证委员会负责整个认证工作，认证委员会

授权并监督专门认证机构完成认证，从而确保了质量评估的科学性、客观性和有效性。对同一类型的院校或专业，认证机构遵循统一、完善、严格的认证标准，这就有可能排除许多人为因素干扰。通过标准化程序认证的院校和专业，表明其已达到最基本的标准要求。由于有了固定的认证机构专门从事这项工作，使认证的透明度增大了，认证结果有据可查。同时，由于其专业性强，其评估结论的信、效度高。

其基本程序是：某一教育实体（教育机构或高等院校中的学院、系和学科专业）向一个独立的外部鉴定、认证机构提供关于其办学过程和成就的信息，该独立机构根据已制定的相关规范来评估这些信息，并做出教育实体是否获得"鉴定通过"的认定，并向社会公布关于该教育实体教育质量的报告。

二、市场型模式的特征

在具有分权化的政治体制、自由而发达的市场经济、高度自治的高等教学传统等现实土壤中形成的市场型模式，具有如下几个方面的特征。

（一）间接性

市场型模式主要是通过鉴定、认证活动来进行的，社会没有官方或半官方性的评估机构。政府不参与、不干涉评估活动，不制定评估政策，但这不表明政府与高等教学质量保证活动无关，政府充分尊重评估，支持评估，依靠评估，通过对社会民间评估机构的资格认可以及对评估结果的有效利用等方式实现其管理理念。社会也不是直接对高校实施监控以达成高等教学质量需求，而是通过市场机制，根据高等教学质量信息做出相应的选择，即所谓"用脚投票"，促使高校提高质量。

（二）自愿性

在市场型模式中，承担高等教学质量鉴定、认证的机构是民间机构，而非政府机构，寻求认证是高校的自愿行为而非教育行政主管部门的行政命令。认证机构是为院校所承认的，认证机构的经费也由所属会员院校提供。认证活动实际上是院校委托认证机构来做的。虽然认证机构最后要对被认证院校做出评判，但认证活动一般不能直接介入学校的日常事务。

（三）民主性

认证的标准和程序是院校与认证机构共同合作制订的，双方都要遵守。如果院校对认证结果有异议，可以进行申辩和上诉。此外，认证评估小组的成员除了高等教学专家外，还有关心高等教学的公众代表。

（四）多样性

高等教学鉴定、认证的机构有多种，其鉴定标准也是多样的。鉴定、认证制度鼓励院校自我确立发展目标、面向社会自主定位、特色办学。

三、市场型模式的评价

市场调节在一定意义上是一种与政府控制相对的质量保证手段，因此，以市场调节为主导的质量保证模式具有诸多控制型模式所不具有的优势。

（一）增强高校的社会适应性

在市场调节型模式中，质量不仅仅是被界定为"符合规定"，它还必须"满足用户的需要"，因此，如果高校不关注社会的需求，其提供的产品和服务即使达到了高校内部设定的质量标准，也不过是"合格的废品"，不可能有市场和生命力。适应社会需求者生存，不适者被淘汰，这一基本的市场法则不断刺激高等院校，使其适应不断变化的经济和社会状况，并根植手社会生活之中，强化高校与社会的联系。

（二）提高高校的责任意识和质量意识

经济学家们认为，大部分企业追求质量的动机源于市场的竞争，而不是来自政府的管制。在市场竞争条件下，企业一般都认识到，只有提高自己的产品或服务质量，企业才能生存。这种"市场作用"已内化为企业的质量保证动力。同样，市场竞争也加强了高等院校的责任感和危机意识，促使其通过不断的改革提高整体办学质量和效益。

（三）促进高等教学的多样化

如上所述，控制型模式由于实行国家统一的质量标准，并通过对高等学校进行具体的、直接控制与管理，致使高等学校难以根据自身条件和社会需求制定发展方略，形成自身特色，而市场调节型模式则可以克服这一弊端。美国著名战略管理学家迈克尔·波特认为，在竞争中，企业为了建立有利的战略地位，并超越其他竞争者，有三种竞争战略可供选择：低成本战略、差异化战略和集中战略。所谓差异化战略，就是指企业向顾客提供的产品或服务，在行业范围内与其他竞争者相比独具特色、别具一格，这种显著的差别使企业形成了独特的竞争优势。同样，在市场经济条件下，高等院校面对激烈的市场竞争也不得不努力形成自己的特色，争取以其与众不同的产品或服务，确保在市场中的竞争地位。格拉夫在论及美国高等教学时认为，由于在美国高等教学系统中存在着"广泛的入学选择权和以后的退学权、转学权，因此各学院和大学的生存或者依赖于满足用户的需要，或者依赖于以自己大学的优秀质量来吸引用户。只有形成自己学校的特色才能吸引用户，雷同则不能。既然如此，许多院校都努力建立自己的特色，而不是被动地接受统一的模式"。

但是，市场调节是一柄双刃剑，它有优势，也有缺陷。其最大的不足就在于：容易导致对于低质量的大学和学院过于宽容，认可标准会很低，而且存在差别，不利于高等教学整体质量的提升。并且，它可能会将市场固有的弊端或缺陷引入高等教学领域，使市场供求关系的波动性、即时性、经济利益性与教育本应追求的稳定性、长期性、社会效益性产生矛盾，例如，自由竞争导致系科、学院重复设置，高等教学过于实用化和商业化，等等。显然，这些都是不利于高等教学质量的提高的。

第四节　合作型模式

所谓合作型模式，是指在高等教学质量保证中，由政府和高校共同承担高等教学质量保证的责任。政府和高校基于一定的共识，通过协商达成在高等教学质量保证中的合作关系，即由高校负责其自身内部质量保证，高等教学外部质量保证则由政府负责，这样，政府和高校共同向社会做出质量承诺，并赢得社会的信任。

一、合作型模式的结构

（一）合作型模式的生成环境

从中世纪大学产生以来，政府与大学的关系所经历的曲折发展历程。可以概括为：从院校自治到政府控制再到两者合作。实践证明。自治既是高等教学发展的客观需要，也是高等教学自我调整、自我发展、自我完善的必然要求。各国政府在对高等教学实施行政干预的过程中也逐渐认识到，对高等教学实施过分严格的控制，会阻碍高等教学事业的发展，这对巩固国家统治地位也是极其不利的。因此，政府不得不下放对高等教学的控制权力，给予高校必要的自治权。只要院校自治不危及统治阶级的利益，并能在客观上促进现存社会的稳定和发展，还是能被国家政权所接受的。另一方面，高等教学界也逐渐认识到，院校自治也是有限度的，因为完全的自治必须有完全的经费独立。随着高等教学的发展，举办高等教学成为关乎社会发展且耗资巨大的专门活动，客观上要求高等教学对社会经济、科技、文化发展的迫切需要做出积极的回应。高等教学发展的历史表明，大学只有特权和自治，只考虑其"内在逻辑"是不够的，大学如果不能反映国家和社会的要求，最终只能陷入危机，走向没落。

因此，政府和高校都认识到在政府干预与院校自治之间保持适度的张力足必要的。国家政府尊重院校的法人主体地位是院校自治得以实现的前提，院校的学术自治权利的获得又可以在一定程度上制约国家政府的过强干预，二者的均衡与协调是高等教学发展的需要，也是国家政府的利益所在。

（二）主体与权力结构

在合作型模式中，出于自我控制与管理的需要，以及随着政府与社会等其他力量介入高等教学，出于为外部评估提供资料和信息的需要，高等院校内部形成了一套制度化的、有组织的、主要由校内机构和人员实施的质量保证体系。高校通过规定质量标准，检查教学过程和各个环节以及质量管理的措施，实行内部质量控制。政府出于其自身的高等教学价值需求和绩效责任的考虑，要求高等教学向外部公众证明其质量和效率，它通过教育行政部门或具有强烈的官方色彩的评估机构对高等院校进行质量评估。总之，高校是内部质量保证的主体，政府是外部质量保证的主体，政府与高校通过协商、合作，共同保证高等教学质量。显然，国家权力和院校自治二者的共同作用，主导着合作型模式的运行和发展方向。

（三）政策与过程

1.质量保证目的：质量改进与绩效责任的统一

高校建立内部质量保证体系，其目的主要是维持学术标准，促进高等教学质量的改进与提高。政府建立外部质量保证体系，主要是为了确保高等教学投资得到合理、恰当地使用，促使高等院校提高质量和效率。合作型模式希望能够在质量保证的实质性目的和工具性目的之间达到协调与统一。

2.质量保证的组织：内部机构与外部机构的协调

在合作型模式中，由于院校自治的传统久远，影响力大，另一方面，国家权力也相当强大，使得质量保证的组织与协调较为复杂。

为了实现质量保证的目的，高校负责内部质量保证，其组织机构由高校内部设立，人员主要由学校内部专业人员组成。在模式形成的初期，政府负责外部质量保证，外部质量保证事务直接由教育行政主管部门负责。由于政府行政部门的管理具有强制性、直接性，往往造成对高校学术自由、自治的侵害，遭到院校的抵制与抗争。为了缓解矛盾与冲突，政府教育行政部门出面成立具有半官方性质的或者说具有"亲政府"性质的中介机构，负责外部质量保证事宜。

中介组织相对独立于政府和高校，作为政府和高校之间的缓冲器和政府控制高等教学的温和手段的作用比较明显。它们的法律地位明确，扮演的是一种外部检查者的角色，是国家对于高等教学实施控制的一种间接形式。但它们比较注意发挥高校的作用，强调院校在高等教学质量评估体制中的重要地位及其质量责任。因此，合作型模式，可以说是一种国家主导下的外部机构与高校合作型的高等教学质量保证模式。其合作性体现在：在国家立法和政府政策的框架内，中介机构制订和实施高等教学质量保证政策，但广泛征求高校的意见和建议。

3.质量保证的内容：输入保证与过程保证的结合

高校作为高等教学活动的直接承担者，对教育质量负有直接责任，它通过建立内部质量保证体系，能够诊断高等教学质量中存在的问题，进行及时的校正，从而促进质量的改进与提高。同时，内部质量保证也是高校向外部证明其教育质量、赢得外部的信任、从外部获取办学资源的主要手段。因此，在质量保证内容上，高校更侧重过程保证。

政府从国家的利益需要出发，要求高等教学在一定的国家投入下更多、更好地培养人才和创造新知识，它关注的是高等教学的绩效，即政府投资是否产生了较高的效益。同时，作为社会利益的总代表，政府的权力不仅在于为高等教学提供必要的办学资源，它还必须从整体上控制高等学校的办学质量，其评估对象侧重高等学校的办学资源和办学条件，即更注重输入保证。

4. 程序与方法：自我评估与外部评估的整合

在质量保证方法上，高校为了达成其质量改进与提高的目的，更多地采用自我评估；而政府基于绩效责任、信息与决策等方面的考虑，往往采用外部质量评估的方法。

合作型模式的基本程序是：在商定的条件下，先由学校进行自评，撰写自评报告，提交给外部保证机构；然后由外部保证机构对学校自评报告进行审查，并结合现场访视，做出评估结论。在评估结论被大家认可后，各方采取相应的行动，如学校制定整改措施，政府部门做出相关决策。

二、合作型模式的特征

由政府和高校分工合作、共同承担高等教学质量保证责任的合作型模式，在院校自治与绩效责任之间达到了一定程度的平衡，但是，由于市场机制在模式运行中的作用甚微，高等教学质量保证的过程复杂，程序烦琐。具体而言，合作型模式具有互补性、协调性、复杂性等特征。

（一）互补性

从根本上讲，合作型模式是政府与高校两大质量保证主体凭借各自的力量，即国家权力和院校自治力量博弈的结果。二者都是高等教学质量保证不可缺少的，同时，也都有各自的局限性。政府控制强调从上到下、从外到内的管理与控制，具有外在性、强制性等特点，容易对学术自由造成侵害，不利于调动高校在质量保证方面的积极性；学校自主管理注重从下到上的、旨在质量改进与提高的管理，具有内在性、自主性等特点，在质量保证中居于核心地位。但是，由于院校自主管理较为注重高等教学的内在逻辑和学术权力，容易忽视国家利益和社会需求，趋向保守。合作型模式将外部的政府控制与高校的内部管理结合起来，实现各自的优势互补。

（二）协调性

由于政府与高校的高等教学价值需求存在差异，导致了它们在高等教学质量观、质量保证主张等方面的不同。为避免冲突，高等教学质量的外部与内部保证机构各有分工：在质量保证内容上，外部机构侧重于输入和输出评价与保证，学校内部则偏重于过程的改进与提高；在质量保证的方法上，高校内部评估受到重视，外部评估中，专家同行评估、质量审核等得到经常性的运用。外部机构与高校形成一种对话式的而非对抗式的关系。

（三）复杂性

在高等教学质量保证中，由于客观上存在着政府与高校之间的价值冲突，他们的对话、合作关系不是轻易地形成的，往往需要经过双方的协商、对话，甚至是激烈的斗争。因此，在有关高等教学质量保证政策方面，双方要达成一致需要一个较为复杂的过程。在质量保证政策的执行方面，由于质量保证的内容涉及院校、系科、专业层面，不同层面的评估，在程序与方法上都有所不同，使得质量保证的程序与过程也具有相当的复杂性。

三、合作型模式的评价

在合作型模式中，政府不作为官方机构介入高等教学质量保证，而是建立独立于政府的中介机构对高等教学进行质量监控。中介机构虽具有一定的独立性，但其职能和成员组成受政府的影响比较大，在一定程度上也代表着政府的意愿，这使得政府虽不直接插手质量保证，但又不脱离具体的质量保证活动，使其高等教学质量需求得以实现。高等院校建立内部质量保证机构，一方面，是为了通过系统化、制度化的评估机制，达到质量改进与提升的目的；另一方面，也是对政府、社会等外部质量需求的回应，通过向外部提供质量信息和质量证据，避免外界过多的干预，达到维护一定程度的院校自治的目的。可见，合作型模式在院校自治与绩效责任之间达到了一定程度的平衡。

市场机制在高等教学质量保证中的作用，集中体现在"良币驱逐劣币"的法则，这种优胜劣汰的调节机制具有自发性，成本低，效率高。但是，主导合作型模式运行的主要是国家权力和院校自治力量，市场机制的作用和影响不大。这就使得高等教学质量保证的成本高：过程复杂，程序烦琐，耗费的人力、财力都很大。

此外，该模式的运行中，市场力量的影响小，也使得社会的质量需求难以得到及时的反映，高等学校的办学缺乏活力。

第五节 多元复合型模式

所谓多元复合型模式，是指政府、高校和社会共同参与高等教学质量保证的质量管理制度。多元复合型模式不是以高校、政府或社会中的任何一方的价值需求作为唯一的出发点，而是综合考虑各主体的要求，并加以平衡，常常通过一定的协调、整合机制，使国家权力、市场与院校自治的力量得到比较均衡的配置，从而制订出能够反映多方意志和利益的质量保证政策，并加以实施。因此，这种模式也可称之为平衡型模式（Balanced Model）。

一、多元复合型模式的结构

（一）多元复合型模式的生成环境

就整个世界高等教学体系来看，大体可以分为三种情况：其一，国家权力在高等教学中起主导作用，包括以苏联和东欧及中国为代表的一批社会主义国家和以瑞典为代表的一些西方国家；其二，市场力量起主导作用，以美国等一批自由市场经济国家为代表；其三，院校自治力量起主导作用，"内在逻辑"深刻影响着高等教学体系的运行，主要包括具有悠久大学传统的欧洲国家，以英国等为代表。

战后，世界高等教学的大发展使大学成为社会的"轴心机构"，这种大发展是国家权力、市场和院校自治共同作用的结果。世界高等教学发展表现出更多的共同趋势，以至于我们现在很难区分出典型的国家权力主导、市场主导或院校主导型的体制。传统上以国家权力为主导的体制发生了深刻变化，国家不再是唯一的主导力量，市场的作用得到了极大的加强；以英国为代表的具有悠久大学传统的国家则更加重视国家和市场的作用；而市场经济国家则普遍强化了国家的高等教学职能。总之，各国高等教学的改革与发展中"均权化"趋势日益明显，国家权力、市场与院校自治这三种力量互相取长补短、共同作用于高等教学，推动其健康运行与发展。

（二）主体与权力结构

从本质上讲，多元复合型模式是政府、高校和社会为了实现其各自的高等教学利益和质量需求而进行博弈的结果。经过三者的博弈，最终形成了各主体在高等教学质量保证中的权责划分，即学校自主管理，政府宏观调控，社会参与监督，三者分工、协作，共同承担高等教学质量保证事宜。

从影响模式运行的力量来看，国家权力、市场和院校自治均在高等教学质量保证中发挥作用，三者相互牵制、相互补充，形成"鼎立"之势，是一种均衡、稳定型的权力结构。

（三）政策与过程

1.质量保证目的：多样化

在多元复合型模式中，质量保证不仅在于其实质性目的，也在于其工具性目的。具体而言，其目的包括：自我诊断与改进，激励院校及其成员努力工作；确认高等院校从事专业活动的资格，维持高等教学的基本质量标准；确定高等学校的绩效责任，向政府、拨款机构、用人部门和公众报告高等教学的质量状况与质量信息；鉴定有关高等教学活动的优劣，评定其质量等级，引导高等教学活动的方向；为有关机构或个人提供决策意见或政策建议；收集与传播高等教学质量保证的良好经验，推动高等教学质量保证活动的广泛开展；等等。

2.质量保证的组织：学校、官方机构与民间机构分工与协调

为了实现上述目的，需要有相应的组织机构来承担质量保证活动。一般来讲，高等院校在其内部设有包括学校、院、系各种委员会在内的组织机构，负责学校内部质量保证工作，旨在改进与提高教育质量，另一方面，也是为了应对外部的质量需求，向政府、社会提供质量信息和质量证据，以争取获得外部的信任与支持。

政府机构主要通过以下几个方面的途径发挥其在高等教学质量保证中的作用：其一，通过立法来构建高等教学质量保证体系，将评估活动置于依法治教的轨道上，使评估工作有法可依，有章可循。其二，通过政令、政策、条例、规则、通告、建议等行政措施对高等教学质量保证活动进行调控。其三，通过"利益驱动"，即拨款、资助、投资、奖励等，间接地诱导高等教学机构的行为，实现对其有目的的影响。其四，通过将评估结果与有关决策相联系，达到通过评估促进高等教学质量提高的目的。

社会参与监督高等教学质量主要是通过社会中介组织来进行的。教育评估社会中介机构有两个主要特点：一是相对独立性，它既不代表学校，也不代表政府，有权在有关法律、政策框架指导下确定评估标准、评估方式以及发表评估结果，其质量保证活动不受政府的直接控制和干预，因此有可能比较客观、公正；二是权威性，它集中了一批高素质的教育评估专家，掌握了比较多的教育评估信息，在社会上享有较高的声誉。社会力量的参与能及时将社会对人才培养的要求、毕业生的就业状况及其他有关信息直接反馈给学校，使学校及时了解、关心社会经济部门和社会发展对人才培养提出的要求，保证高等教学质量沿着社会需要的方向发展。

3.质量保证的内容：输入、过程与输出保证

在质量保证内容上，高校内部侧重于过程保证，以过程评价或形成性评价不断监控教育质量，达到及时纠正偏差的目的；政府主要通过立法、行政、财政及对评估结果的利用等途径，对质量保证活动施加影响，侧重输入保证；社会，是高等教学产品和服务的最终用户，其判断质量高低的标准就是高等学校培养的人才、科学研究成果是否满足其需要以及满足的程度如何，它侧重的是高等教学的输出保证。因此，从整体上来说，多元复合型模式的质量保证内容涵盖输入、过程与输出。

4.程序与方法：程序规范，方法多样

随着高等教学质量保证实践的开展，以评估为基础的具体的质量保证方法已呈现出多样性和系统化。目前欧洲的高等教学评估方式主要是评估、认可、审计、基准等四种，评价对象涉及院校、学科、专业、主题，评估方式与不同的评估对象结合，形成了包括专业认可、专业评估、院校审计、院校认可、院校评估、学科评估、专业基准和学科基准在内的16种评估类型。

尽管针对不同类型、不同层次的高校及学科专业的质量保证活动所采取的质量标准不同，方法各异，但其基本程序则具有相当的一致性和稳定性，即按照"自我评估——同行

现场访问——研究评估信息、做出评估结论——发表评估报告"的一般程序进行。

二、多元复合型模式的特征

多元复合型模式有效地协调了多元主体的价值需求与价值冲突，在国家权力、市场逻辑与院校自治之间达成了平衡，是一种理想形态的质量保证模式。它具有多元性、全面性、稳定性等特征。

（一）多元性

多元性特征，不仅体现在质量保证主体的多元性，在权力结构、质量保证目的、质量保证方法等方面都具有多元性。从主体来看，政府、高校与社会共同参与高等教学质量保证；从主导模式运行的权力来看，国家权力、市场与院校自治呈"三足鼎立"之势，共同作用；从质量保证目的来看，既要达成质量改进与提升的内在目的，也要实现确定绩效责任、为高等教学用户提供质量信息、为相关决策服务等外在目的；在质量保证机构方面，不仅有在一定程度上代表政府意志的半官方机构，也有完全独立于政府的、代表社会各方利益的社会中介机构，还有代表高校利益的、具有高等教学行业自律性质的民间机构；在质量保证方法上，综合运用质量评估、认可、审计、基准等多种方法与手段。

（二）自愿性与强制性的统一

高校出于对公众的责任、出于自身发展的需要，自觉自愿地参与质量保证，它具有自愿性。但同时，处于政府、公众和市场之间的高校，由于学校资金的获得、学校的声誉和地位、在学生市场获得足够生源等因素的影响，其参与质量保证又隐含着一定的强制性。如在美国，高校获得联邦政府的学生资助、科研基金或其他资助的先决条件就是要通过经认可的认证机构的认证，每年大约有600亿美元的资金靠认证机构来决定，因为这些资金只拨给那些通过认证的高等院校。

（三）全面性

在多元复合型模式中，质量保证机构的人员组成具有广泛的代表性：中介机构由代表国家的官员、代表学校的有关人员和代表社会经济集团利益的工商界人士等共同组成。在有关质量标准的确定、质量保证的程序与方法的选择等方面都不是仅以某一主体的需求为出发点，而是尽可能全面地反映各主体的利益与需求。在质量保证的内容上，通过质量保证体系的系统设计，力求涵盖高等教学的输入、过程与结果。

（四）稳定性

由于多元复合型模式既体现国家意愿，又反映高校和与高校有密切联系的社会各界的需求，既有利于保证国家必要的行政导向作用以使高等教学的发展适应经济、社会发展要求，同时又有利于保证各方面利益的相互协调，因此它在自治（Autonomy）和责任

（Accountability）之间达成了平衡：一方面建立和维持高等教学自身的质量标准，满足政府和公众的问责；另一方面为政府和社会与高等院校间的协调提供了平台，避免外界包括政府的过多干涉。该模式最大限度地满足了各主体的利益与需求，并在国家权力、市场和院校自治之间形成张力平衡，与其他模式相比，具有较强的稳定性。

三、多元复合型模式的评价

多元复合型模式是一种理想形态的质量保证模式，它有效协调了多元主体的价值需求与价值冲突，在国家权力、市场逻辑与院校自治之间达成了平衡，并实现了实质性目的和工具性目的的统一。从世界各国高等教学质量保证的发展来看，有向这一模式靠拢的趋势。但是，如何将这一模式的理念付诸实践，使模式在实践中有效运行，还有很长的路要走。特别是模式的选择受到诸多因素的影响，各国的政治、经济、法律制度、文化传统、高等教学管理体制等的不同，使得他们的高等教学质量保证模式会呈现出诸多差异。伯顿·克拉克在论及各国高等教学体制时指出："每个国家的权力结构都有缺陷，都会激发人们去努力弥补这些缺陷，因此会产生有意识的改革和无意识的调整。"但"历史上形成的权力分布形式倾向于维持原状，因而不同国家高教体制的互相靠拢是有限度的"。这一论述，同样也适用于高等教学质量保证模式的变革。

第五章　高校教学过程质量保障

我国著名经济学家厉以宁说过："高质量、有特色的教育永远是稀缺的资源。"从某种意义上说，特色就是质量，没有特色就没有质量，坚持办学特色对于切实保障高等教育教学质量有着特殊意义。有人说高校是野草，是另类，从诞生之日起就在公立学校丛林中生存，正是因为其不同于公立学校鲜明的办学特色，才不断发挥其野草精神和另类的草根文化，野火烧不尽，春风吹又生，具有旺盛的生命力，涌现了一批又一批办学特色鲜明的高校。严进严出、严格规范的教育教学管理是高校不同于严进宽出、松散管理公办高校的显著特征。根据山东半高制造业基地建设和蓝色经济区发展对人才的需求，青高黄海学院大力发展机械、船舶、建筑等特色工科，走出了一条校企合作、工学结合、订单培养的特色成功的高素质应用型、技能型人才培养之路。作为中部欠发达地区的高职院校，湖南涉外职业技术学院采用了"外语＋专业＋技能＋创业素质"的叠加式模式培养复合型涉外人才、"三明治式"的教学方式（即"观察学习＋教学＋具体实践"），强化学生实践能力的培养，取得了显著效果。特色高校的办学经验告诉我们：特色就是质量，特色就是水平，特色就是生命。高等教育要经受住全球化、市场化带来的冲击，在残酷竞争中求得生存、发展，保证教育的质量，必须健全以特色取胜的灵活办学机制。

第一节　高等教育人才培养体系和机制

一、学校的定位和人才培养模式

一所高校的人才培养质量取决于诸多的环节和因素，高校的办学定位与人才培养目标模式，是首要环节。根据办学定位与人才培养模式开展的教学活动，是第二个环节，是保证与提高人才培养质量的重要因素。

目前，我国高校的办学定位是以培养现代制造业、服务业及各种行业职业所迫切需要的高素质技能型或应用型人才为宗旨的实用型高校。这两类高校的办学定位是不同的：一类是高职高专，他们的办学定位就是面向生产、管理、服务一线培养高素质技能人才的高等职业院校。同这一办学定位相适应的人才培养模式是：以服务为宗旨，以就业为导向，根据人才市场设置专业，以"产"、"销"对路的原则，校企合作，订单培养。另一类是普通本科高校，教学型、地方性、应用性高校，培养具有社会责任感、创新精神和实践能力的高素质应用型人才。同这一办学定位相适应，其学科专业应按国家培养应用技术型人才目标的要求设置，但必须按人才市场的需要调整学科专业方向与专业内容，重点加强本专业应用能力培养，同时也须加强实用技能的训练。

二、学科专业的设置与建设

1. 高校要打造自己的骨干品牌专业

品牌专业应该是高校的优势专业，即办学时间长，教学资源（师资、设备、经验）充足，社会需求量大，适应经济发展需求，保持长期稳定，短时期内不会有大的波动，发展前景好的专业门类，如机械制造、汽车、船舶海洋、商务、物流管理、土木工程等专业。这些专业可作为高校的主体专业与支柱专业予以重点建设，使其长期保持在水平高、实力强的平台上，它们是支撑高校长期稳定发展的骨干专业。

2. 高校要适时增设热门专业

热门专业，即市场需求短缺的专业，如电子商务、学前教育等专业。这种专业是源于对某种新兴产业和利益驱动而形成的，人才供给少，瞬时需求量大。高校应密切观察与注意市场产业的升级与变化以及由此带来的对人才需求热点，适时增设热门专业。

3. 建设特色专业

有所为，有所不为，利用高校灵活的办学机制，抓住区域经济战略发展机遇，努力做精、做强一批优势特色专业，特别是别的学校没有或一时难以设立的专业，立足长远，整体优化高校专业结构，凸显高校学科和专业的品牌优势。

4. 完善高校学科专业建设机制

制定专业建设评估指标体系，加强专业建设的质量监控。对照各专业培养目标和培养要求，制订本专业五年建设规划。按照规划完成建设任务，做好中期检查和验收工作。对重点建设专业，建设期满时严格按指标体系进行评估验收，以期对其他专业建设起示范作用。对新建专业，按照专业建设标准，经常督促检查，待第一届学生毕业时，进行全面评估验收。

加强学科专业的市场预测，成立由校领导、专家、企业家共同组成的专业建设指导委员会。经常召开学科建设专项研讨会，广泛征求专家及企业家的意见。深入社会，调查各种产业升级、变化及不同企业对人才需求的变化，并针对市场需求的变化适时提出专业调整与增设的意见。建立健全专业设置、调整和退出机制，巩固、提高专业建设质量。待建专业要做好前期准备工作，在调查研究和严密论证的基础上制订好本专业的建设规划。条件成熟一个申报一个，决不以牺牲质量为代价而盲目设置新专业。对连续 2 ～ 3 年毕业生当年就业率不到 50％ 的专业进行撤并，对连续 2 年无第一志愿生源的专业进行专业培养方向调整，对社会需求小、办学条件和教育质量差、缺乏社会竞争力的专业进行关停。

三、课程体系建设

各专业的课程设置、课程结构与课程内容是高校人才培养质量的内核与知识基础，是构成人才培养质量最基本的单元与细胞，是教学的微观层面，直接关系到人才培养质量的规格、内容与水平。

1.准确把握高等教育课程体系的价值取向

在我国高等教育大众化的今天，"功利主义"、实用主义的价值取向已在广大高教界出现，教育更显突出。不言而喻，公正地看高校，在趋利的市场机制下争取生存与发展的空间，如果不功利、不实用，钱从哪里来？培养的人才又有谁要？学校靠什么生存下去？因此，在市场机制下，没有任何外来财源的情况下，完全依靠自我积累、自主发展的教育，不实行"功利主义"、实用主义的价值取向，学校是不可能生存与发展的。所以，不能一味排斥教育价值走向的"功利主义"与实用主义，而是要在承认与实行"功利主义"、实用主义价值走向的同时，妥善处理好"功利主义"价值观与人本主义价值观的关系，把"功利主义"、实用主义与大学传统人文价值、人文精神二种价值取向融合起来，优势互补，相得益彰。高校的课程体系在构建上就要坚持"二元融合"的价值取向，即一方面必须主动适应"功利主义"、实用主义的价值取向，按照"订单教育"模式，对准就业岗位开设课程，以就业为导向，根据产业结构调整与升级对口设置专业课程结构，满足职业岗位群的需要设置课程体系。这样做，符合教育经济学关于高校办学人才培养的专业、课程设置和教学内容必须与社会经济发展相适应这一基本原理的要求，是无可厚非的。但另一方面，课程体系构建，又必须兼顾人本主义价值观，兼顾设置文化性与通识性内容的课程，这样做有利于把高教大众化从单纯追求"功利主义"、实用主义的一元价值取向提升至追求"功利主义"、实用主义与追求人文主义、文化精神"二元融合"价值取向的崭新平台上来。这是高校今后课程体系价值取向的基本走向。

2.高校课程体系的构建

坚持德智体全面发展的原则，课程体系要育人为本，德育为先，把社会主义核心价值观融入人才培养的全过程；坚持课程体系以全面实现办学定位与人才培养目标为宗旨的原则，课程体系突出技能性和应用性，强化实践教学；坚持近期实用功利目的和远期大学终极人文关怀二元融合的原则，课程体系突出实用性和人文性，培养学生能力与素质并重；坚持学生发展需要和社会现实需要相结合的原则，课程体系从学生实际和需求出发突出学生本位，并从服务区域经济出发突出社会本位，自主创新，学以致用，走产学研相结合的道路。

普通高校不能照搬照抄公办高校的教学计划、教学大纲。照搬照抄，跟在别人后面亦步亦趋没有出路，没有创新，没有特色，普通院校必须改革传统的理论知识本位观，破除传统的学科体系与教学内容，按照知识、能力、素质结构培养的要求对教学计划及教学大纲进行深度调整与重组。要删繁就简，压缩理论课内容，打牢理论基础，强化实践教学。改革以学科为本位的传统"三段式"高校课程结构模式，进行"以能力为核心的素质本位"高校课程结构模式探索。如有的高校实施"三平台＋三模块"的课程结构体系，即每个专业的课程结构由公共基础平台、学科基础平台、专业核心平台加上选修课程模块、集中实践模块、第二课堂模块构成。在学好专业的基础上，突出专业特长，以集中实训、实习、实践和毕业设计（论文）强化应用能力，以第二课堂拓宽实践素质，加强文理渗透，工管结合，实现高素质、重应用、强技能的人才培养目标。有的高职院校针对岗位群设专业，根据岗位设课程，把课程体系分为职业基础课和职业技术课两类，以必需和够用为度，以有用、有效和无后续学习障碍为课程和教学内容取舍的原则，突出职业岗位能力训练。也有的高职院校根据国家职业分类标准整合课程体系和课程设置，把证书课程教学计划纳入课程体系之中：在专业人才培养方案中列出专业技能核心课程，课程教学大纲与职业技能鉴定考试大纲互相衔接，参照职业资格标准，使用教学、技能鉴定一体化的教材，推行以职业技能鉴定取代该门课程的结业考试方式。有的高校以工学结合、学训结合为切入点，探索课堂与实习、理论与实践相结合课程结构，形成了订单培养、工学交替、任务驱动、项目导向、顶岗实习的教学模式。这些都为高校课程体系的构建积累了经验。

四、高校校企合作人才培养机制

校企合作模式是针对高等职业教育所提出的人才培养模式，我国高等教育办学的主体在高等职业教育领域，校企合作也是高校教育教学的重要形式。教育部十六号文件明确指出。要积极推行与生产劳动和社会实践相结合的学习模式，把工学结合作为高等职业教育人才培养模式改革的重要切入点，带动专业调整与建设，引导课程设置、教学内容和教学方法改革。作为一种互惠互利的双赢教学组织策略，校企合作自开展以来，确实推动了高等教育教学的改革，使人才培养具有实效性和针对性。然而多年以来，高校的校企合作一直在浅层次运作，仅在高校解决学生就业问题和企业解决用工荒问题两方面结合，低效度徘徊。过多的顶岗实习时间，不对口的非专业实习，廉价的学生劳动力，私下的经济交易，成了校企合作的利益驱动，出现了大量"学生工"。极个别的职业学校打着工学结合旗号，成了为企业提供年轻、廉价劳动力的"中介公司"，从中谋取利益，这种"廉价学生工"的模式应当终结。针对这种现实，高校如何构建校企合作的长效机制呢？

首先，以政府为主导，推动校企深入合作。在中国国情下，没有政府积极扶持，校企合作很难持久实质性地开展。从国外情况看，政府的财政支持是校企合作成功的重要原因。美国独立设立了校企合作教育基金。德国政府规定，企业接受学生实习，可免交部分国税。澳大利亚政府全额投资建立了许多实训基地。我国政府可设立校企合作专项基金，补偿企业在校企合作中的培训开支；制定出有利于推动校企合作发展的法律法规，规范双方行为，对企业实行税收优惠或专项补助政策，最大限度地调动企业的积极性，真正起到培养人才的作用。

其次，校企合作要在教学上合作，在人才培养上合作。校企是一种学校人才培养模式，不是一种政府的就业模式，不是一种企业用工模式，解决的是人才培养质量问题，破解的是学校人才培养与社会企业需求脱节的难题。对症下药，不难理解校企合作的内容与形式。

（一）校企共同做好人才选拔培养工作

为确保校企合作培养的顺利进行，合作企业参与招生宣传，争取得到家长和学生的理解和认可，为校企合作培养提供生源保证。校企合作式教育要求以岗位能力为导向，理论教学与实践教学一体化，教师必须具备较强的专业实践能力和职业岗位工作的指导能力。教师队伍中必须有"校企合作"企业合作方的技术专家或管理专家。

（二）校企共同制订培养方案

校企合作人才培养模式实行课堂教学与岗位实践相结合的一体化教学，涉及培养目标、知识水平、专业技能要求、职业道德、学校与企业各自的职责等。能否成功运行，关键在于人才培养方案是否科学可行，是否符合人才成长的规律，切忌一蹴而就、急功近利的用工思想，应立足长远，规划学生一生。

（三）校企共同参与教学考核

在教学管理分工上，学院负责考核理论教学部分，企业负责考核实践教学部分。如学生在企业顶岗实习期间，学校不能放手不管，应定期和实习单位交换意见，鉴定学生的实习情况。企业不能把学生当成其他一般意义上的员工，应注重给予实习学生人性化的关怀。学生实习结束后，校企共同对学生进行教学考核评价，使学生完成"理论——实践——理论"知识与技能循环提高的过程。

（四）校企共同塑造人文理念

以企业文化为参照标准，将企业文化引入学校，在校内注重企业先进的管理理念渗透，让学生身临其境，感受企业文化的向心力和凝聚力。

（五）校企共同制定相关管理机制

一是成立校企合作人才培养的组织领导机制，二是健全学生实习的管理机制，三是健全校企合作人才培养的信息反馈机制。

高等院校与企业合作办学具有十分重要的意义。首先，校企合作模式适应了广大人民群众对高等教育需求高涨的需要，是高等教育探索新的办学体制和办学模式的实践创新，是推动校企双方事业发展的双赢选择，有利于为经济社会发展提供人才和智力支持，满足广大人民群众及其子女接受高等教育的强烈愿望，促进高等教育的改革和发展。其次，校企合作使校企双方盘活了闲置资本，提高了资源利用效率，实现了互利双赢。再次，校企合作模式实现了教育资源的最优配置和效益最大化，为国家培养更多的应用型高素质人才。

第二节　高校教学内容改革与教材建设

有人将教学内容与课程体系视为性质相同的两个概念，认为课程是指学校的教学内容，既可以指一个学习阶段学校的全部教学内容，也可以指一门学科的教学内容。这里仅局限于后者，即每门学科授课内容，指课程教学大纲和教科书。许多教育专家也把教学内容的改革视为高等学校培养的人才能否适应新世纪社会需要的核心所在，视为整个教学改革的关键所在。正如中国人民大学校长李文海教授所说："大学生质量水平如何，在根本上并不取决于学习什么专业，而是取决于学了什么课程，从所学课程内容中获得了怎样的知识、素质和能力。"许多高校毕业的学生感慨，大学三年或四年没有学到什么东西，多是指教学内容严重脱离社会及企业的需求，迫切需要改革。

一、高校教学内容存在的问题

（一）教学内容陈旧，知识更新速度慢

教学内容与实际应用脱节严重影响学生的学习兴趣。曾任中国科学院院长的卢嘉锡教授在分析我国教学内容现状时指出：高校中某些必修基础课程如高等数学、普通物理、普通化学等的教学内容主要建立在以微积分数学、经典物理学和道尔顿原子论为基础的20世纪以前的科学结构和体系上，20世纪以来科学技术发展的巨大成就很少进入基础课程的体系。他以普通物理课程为例，认为相对论、量子力学等内容不进入，就"必然使非物理系的广大学生的物理基础和时空观停留在19世纪，这与培养21世纪人才是格格不入的"。因此，及时更新教学内容，解决教学内容陈旧的问题，已经成为教学内容改革的当务之急。

（二）教学内容与高校的需求相差甚远

高校的学生学习基础差，对深奥的理论不感兴趣，追求实用的知识与技能。然而，适应高校实际的教材少之又少。所谓规划教材、精品教材多适用公办名校高水平的学生，不适应高校教学管理变化的需要。自编教材由于教师水平限制或经济利益驱使或评职称的功利性目的，东拼西凑、缺乏深度、粗制滥造者居多，很难谈得上教学内容的先进性、科学性。

二、教学内容改革

（1）方向性。教学内容的改革必须坚持社会主义的办学方向，明确人才素质和培养规格要求，为教学内容改革提供依据。在强化社会主义核心价值观教学的同时，着重培养

学生用正确的理论分析问题和解决问题的能力。

（2）实用性。传授的知识要符合学生身心发展的规律和学生的知识结构基础。如专科的学生，不要过多地分析为什么，但要讲清是什么，怎么做，重在强化实践技能教学和动手能力的培养。

（3）本土化。高校课程的形式与内容要进一步本土化。应有针对性地开展教学，讲究实效，教学生有用、实用、用得上的真东西，并为学生发展后劲奠基。

（4）先进性。在保持教学内容相对稳定的前提下，适应社会的发展和科学技术的发展，不断调整教学内容，使教学内容尽可能反映科学技术发展的新成果、新内容，及时删减传统教学内容中陈旧过时的部分。

（5）选择性。不必将已经发生的所有知识内容教给学生，要选择对培养素质和创造力有重要作用的知识传给学生，重在教学生获取知识的方法和途径，培养学生的学习力。要改变我国大学中"上课记笔记、下课看笔记、考试背笔记、考后全忘记"的弊端。

（6）基础性。要加强基础教学，强化外语、计算机、大学语文、高等数学的教学，实现在校学习不断线，强化文理渗透的课程。要提高人文素质，培养科学严谨的探索研究精神。

三、教材建设

教材是体现课程教学内容和教学方向的知识载体。它不仅是教学的基本工具，更是提高教学质量的重要保证。随着时代的变迁和发展，高校教材内容的陈旧，形式单一、呆板，质量低劣。适应性不强等问题日益突出，已经严重制约了教育教学质量提高。

（一）基于质量导向的教材建设

这是针对基于利益导向的低水平教材重复建设而言的。出于学校经济利益和教师职称评定的目的，高校出现了大量低水平的自编教材，影响了教学内容改革和质量提高。为保障教学质量，高校要建立完善的教材评价体系，对教材的使用效果进行跟踪调查并建立档案，从知识的广度、深度、编排合理性、易读性、实用性等方面对教材进行评价，决定今后教材的取舍。建立教材建设立项审核制度，鼓励有丰富教学经验的教师从学生学习心理的角度出发独著教材，增加教师教材编写的责任心和使命感。

（二）改"教材"为"学材"

学生是学习的主体，也应是学习内容实践创造的主体，不应是教材被动的受体，所以教材要为学生留有发展的余地，使教材编制过程本身延伸到课堂和学生的学习之中。作为学生学习活动的主要媒介，教材要成为"学材"，让学生亲身体验、探索、思考和研究，积极参与到教学活动过程中来。

（三）改革教材的表现形式

现代教材的概念，早已不是局限于教科书和教学参考书的范围，而是指以文字教材为主体，包括音像与电子教材以及网络上经过加工和组织的信息。教材建设将逐步摆脱单纯纸质媒介的状况，教材的触角将迅速延伸到多媒体和网络，动感的、交互的多媒体教材将成为教材开发的新领域。融文字、声音、动画于一体的电子教科书能调动学生的多种感官，使学生如身临其境，加速和改善学生对知识的理解，激发学习兴趣，提高学习效率。

第三节　高校教学方法与教学手段变革

"世易时移，变法宜矣"，高等院校要提高教育教学质量，应在教学方法与教学手段方面进行变革。

一、高等教育教学中存在的问题

目前，高等教育在教学内容、教学方法等方面存在着一些问题，主要是知识老化、方法陈旧落后、理论和实践相脱节。由于高等教育起步较晚，故教师在教学上更多地沿袭了传统学历教育的教学方法，偏重对学生知识的传授，忽视学生能力的培养。在课堂上，往往机械地恪守大纲，忠于教材，照本宣科。一堂课下来，老师从头讲到尾，采用所谓"满堂灌"、"填鸭式"的教学方法。这种教学方法比较枯燥、乏味，不容易激发学生的学习兴趣，使其缺少参与意识，不能充分发挥学生的潜能。应以教师为主导，学生为主体，以学生为中心创新教学方法；改变传统的灌输式教学方法，全力推进启发式教学；因材施教。实施分类教学和个性化教学；对于人文社科类，必须整合教学内容，实行案例教学法、大脑风暴教学法和行为引导教学法，增加实用性，可以引进职业鉴定的标准；对于理工科类，必须坚持"理论够用，技能过硬"的原则，大胆尝试一体化教学法、模块化教学法、项目教学法、学训交替教学法、工学交替教学法、行为引导教学法等，各科的教学内容必须引入新方法、新技术、新知识、新材料和职业标准。要调动学生学习的积极性和主动性，鼓励学生独立思考，培养学生的创新意识，最大限度地发挥学生的潜能，实现提高教学质量的目的。

二、高等院校教学方法与教学手段改革

采取什么样的教学方法才能达到提高教育教学质量的目的呢？由于高等教育教学任务的多方面性、教学对象的差异性，教学方法是多种多样的。从辩证的观点来说，每一种方法都有优点和不足之处，所以，教学方法不仅要由单一化向多样化发展，而且要把多种教

学方法优选结合，这样才有活力，才能取得良好教学效果，达到事半功倍的效果。因此，研究教学方法和教学手段的改革，是高等教育中的一个重要课题。

（一）探索以学生学习为中心的教学模式

促进全体学生的健康成长和全面发展是高等学校教育教学工作的基本职能。遵循学生的认识规律，彰显学生个性和挖掘学生发展潜能，积极探索给学生更多自主选专业、选课程、选教师和自主学习的教学管理制度，建立以学生学习发展为中心的学生中心课程，开设综合学科的整合课程，重视学生在课程价值上的主体地位，尊重学生在学习过程中的个性兴趣和自我实现。以各种方式鼓励广大教师和教学管理者投入更多的精力去关注学生、关爱学生、指导学生，促进教学模式从教师教学为中心向学生学习为中心转变，努力培养学生的自主学习能力，充分提高学生的学习效率。在教育教学改革实践中，将学习方法的研究指导与教学方法改革探索紧密结合。

（二）注意多元化教学方法的运用

任何一种方法都只能有效地解决一些问题，不可能解决所有问题。那种包罗万象的、适用一切的教学方法是不存在的。因此，在教学方法的选择上，应坚持多元化原则，根据理论学科和应用学科的不同、教学内容的不同，选择适合本学科性质和特点的方法。下面介绍几种教学方法：

1.一体化教学法

一体化教学是指一体化的师资（理论教学教师与实训操作教师构成一体——双师素质），按照一体化的教学计划，在一体化的教室（即理论教室和实习车间、工厂构成一体），使用一体化的教材（理论课教材与实训实习课教材构成一体），对学生进行一体化的教学（讲授、示范训练现场同步进行），实施一体化教学评价，探索产、学、研一体化教学的路径，实现教、学、做一体，通过师生双方边教、边学、边做来完成某项教学目标和教学任务。

2.模块化教学法

以岗位能力群确定知识能力群，以知识能力群组合教学模块。调整教学计划，将教学内容模块化，可分为核心模块、综合模块、提高模块；将实训课与理论课融合在一起，采用课题形式，将教学内容变成模块，改变这些模块的组合以形成相近专业的教学内容，这样方便教学计划的调整及对复合型人才的培养；同一科目的教学内容也可根据市场需要，本着实用的原则，实施分段模块教学。

3.项目教学法

"给你 55 分钟，你可以造一座桥吗？"教育专家弗雷德·海因里希教授在德国及欧美国家素质教育报告会上曾介绍过这样一则实例项目教学法。首先由学生或教师在现实中选取一个"造一座桥"的项目，学生分组进行讨论，并写出各自的计划书；接着正式实施项目——利用一种被称为"造就一代工程师伟业"的"慧鱼"模型拼装桥梁；然后演示项目结果，由学生阐述构造的机理；最后由教师对学生的作品进行评估。通过以上步骤，可以充分发掘学生的创造潜能，并促使其在提高动手能力和推销自己等方面努力实践。

随着现代科学技术及生产组织形式对职业教育要求的不断提高，人们更多地倾向于采用项目教学法来培养学生的实践能力、社会能力及其他关键能力。

项目教学法，是师生通过共同实施一个完整的项目工作而进行的教学活动。在这里，项目指以生产一件具体的、具有实际应用价值的产品为目的的任务，它应该满足以下条件：该工作过程用于学习一定的教学内容，具有一定的应用价值；能将某一教学课题的理论知识和实际技能结合起来；与企业实际生产过程或现实商业经营活动有直接的关系；学生有独立制订计划并实施的机会，在一定时间范围内可以自行组织、安排自己的学习行为；有明确而具体的成果展示；学生自己克服、处理在项目工作中出现的困难和问题；项目工作具有一定的难度，要求学生运用新学习的知识、技能，解决过去从未遇到过的实际问题；学习结束时，师生共同评价项目工作成果。

在项目教学中，学习过程成为一个人人参与的创造实践活动，注重的不是最终的结果，而是完成项目的过程。学生在项目实践过程中，理解和把握课程要求的知识和技能，体验创新的艰辛与乐趣，培养分析问题和解决问题的思想和方法。以模具设计与制造课程教学为例，可以通过一定的项目让学生完成模具设计、加工生产、产品质量检验等生产流程，从中学习和掌握机械原理、材料处理、制造工艺以及各种机床的使用与操作。还可以进一步组织不同专业与工种，甚至不同职业领域的学生参加项目教学小组，通过实际操作，训练其在实际工作中与不同专业、不同部门的同事协调、合作的能力。

4. 发达国家的实训教学模式

职业技术教育的典范——"双元制"。德国职业教育最突出的特点是学校、企业的双元教育制度，即"双元制"（"双轨制"或"学徒制"）职业技术教育。所谓"双元制"，是指学生在企业接受实践技能培训和在学校接受理论培养相结合的职业教育形式。它不同于学校制形式，可以称为部分学校制职业教育形式。

近年来，在德国又出现了第三种培训形式——跨企业培训，即"三元制"。学生在接受企业培训和学校教育的同时，每年抽出一定时间，到跨企业培训中心接受集中培训，作为对企业培训的补充和强化。

TAFE 的企业培训。TAFE（技术和继续教育学院的简称）是澳大利亚技术与继续教育的特色，这种企业培训的实施大体上是：企业提出培训的需求和目标；TAFE 派人与企业内专职培训教师共同研讨、制定培训项目书，包括课程设置、课时安排、教材选取、考核与评估、时间、场地、费用等，经公司认可后，由 TAFE 据此实施。有时，这一过程不是通过协商，而是由企业采取招标方式进行的。这就需要 TAFE 凭着商业的眼光去投标，在职业教育和培训市场上竞争，争取培训项目，以筹集更多资金。

学校制的教学工厂。教学工厂是新加坡高等职业教育发展的一种典型模式，它是将现代工厂的经营、管理观念引入学校，将现代工厂的生产、经营环境浓缩并模拟到学校的教学过程之中，从而使学校教学与企业经营有机地结合在一起．使学校得以在一个近乎真实的环境中学习所必需的各种知识和能力。在这一模式中，学校直接为企业开发项目，或直接参与企业的生产经营；企业与学校合作建设实验室，并随时向学校提供先进的设备，及时更换陈旧的设备；校企双方利用合适的实验室进行共同开发，或对学生进行各种专项训练，从而使学生在实际活动中培养各项职业能力。

5.分层教学法

学校在一个年级内的某些学科上开设几种不同层次的课程，例如开设 A、B、C 三种层次的课程，供学生选修。A 课程教学明显高于现行大纲要求；B 课程略高于现行大纲要求；C 课程按照现行大纲的最低要求进行授课。三级课程课时不变，安排在相同时间，供学生跨班选择。在分层教学中，学生参加哪一学科哪一层次的学习，实行动态管理，每学期调整一次。

（三）采用先进的教学手段

（1）现代化教育技术手段的使用，使教学过程进一步优化，从而教学质量和效率显著提高。

（2）开发课程网站，提供有关电子教案、课件、教学录像、教学辅助资料等，同时还可以发布教学信息、网上讨论、相关设计网站的链接等等，实现资源共享 j 在线互动，扩展学习空间，为学生自学、课外复习提供方便。

总之，高等院校培养应用型、技能型人才，教育教学方法改革的重心应转向培养学生的综合能力，提高综合素质。教师不宜以讲为主，而应致力于"导"。应启发学生学习的积极性，掌握学习方法，使学生由"学会"变为"会学"，有了这种能力，就能游刃有余。应使"传授知识与发展能力"成为院校教育自觉遵守的一条教学原则，这样可使院校教育获得好的效果。教学方法应是教师和学生的双向活动，注意调动教、学双方的积极性，才能取得教学相长的效果。同时，要加强对现代教育技术手段的研究和应用，加快计算机辅助教学软件的研制和推广使用，使之在改革教学方法和提高教学整体水平方面发挥积极作用。

第六章 高校教学质量保障体系

高校教学质量是学校中一种能够保障和提高教学质量、高效稳固的质量管理系统，它主要是利用系统的理论方法和概念，将质量管理中各阶段及各环节统一组织，对人才培养进行制度化、连续化、结构化的监控，对教学质量进行评定和判断，以此达到培养的目的。从 20 世纪 90 年代起，随着我国高等学校招生的大幅度增长，高校教育质量保障面临巨大的挑战。虽然通过十几年来的改革和创新等途径有了一些进步，但是面对日益更新的社会人才需求，提高高校教学质量成了众矢之的，高校教育质量保障体系的进一步改革与完善已迫在眉睫。目前，高等教学质量保障体系由内部质量保障体系与外部质量保障体系组成。内部质量保障体系主要担负高等学校内部教育质量，是高校中为提高教育水平配合外部质量保障活动而创建的组织与程序系统，通过和高校外部质量保障体系相互的协作来实现教育质量保障的目标。因此，必须把高校内部与外部教育质量保障体系相互结合、相互协调，共同保障高等教学质量，才能使高校培养出符合社会需求并具备综合能力的新世纪优秀人才。目前，普通高校教学质量保障体系普遍存在一味地效仿名校教学保障体系，造成了学校与学校之间日益趋同，学校个性日渐模糊的形势，严重影响高等院校的特色发展。因此，建立一种科学、有效、创新、可行的高校教学质量保证体系势在必行。具体到高校管理实行过程中，教育质量保证体系应包括教学目标体系、高校课程体系、高校教学师资体系以及高校教学评价体系等。

第一节 高等教学质量保障体系的概述

对于高等教学质量保障体系建设思路的研究，李明枝认为："高校可以通过设置独立的质量监控机构，形成内部监控体系和持续改进机制，实现教学质量数据的信息化、系统化和体系化，以及建设质量文化等途径完善内部质量保障体系。"黄晓媚等认为应制定符合校情的教学质量评估标准，正确处理学校内部机构职能关系，在坚持评建结合，深化内部教学改革的基础上，培养学校质量保障文化氛围。戚业国等认为："本科教学质量保障体系建设应当以质量生成过程的分析为基础，寻找质量关键控制点，梳理、完善已有质量管理的制度，通过有效评价手段对这些控制点进行有效监控从而达到质量的保障。"

针对高等教学质量保障体系建设内容的研究，高桂桢提出："建立教学质量保障体系应以提高教学质量为核心，以培养适应社会发展需要的高素质人才为目标，把教学过程中的各环节活动、各管理职能部门和教学单位的教学活动与职能科学合理组织起来，形成任务、职责、权限明确，相互协调、相互促进的有机整体。"赵军等认为："一个有效的教学质量保障体系应包括：教学质量保障组织系统，教学质量监控与评价系统，教学质量保障激励系统和教学质量保障支持系统。"王关义等认为："高校应从目标、投入、过程、效果、机制五方面构建'要素—环节—节点'三层次教学质量保障体系，并建立配套的决策、指挥、条件支持与保证、质量控制与反馈、调整与改进系统五个子系统，切实提高高校的教育教学质量。"

一、高等教学质量保障体系的内涵

质量的提升依赖于质量体系的顶层设计并有效运行，质量体系一般来说至少包含质量监控体系和质量保障体系。经过多年的发展，很多高校都已建立了质量监控体系，基于风险管理理念的质量保障体系的建立和运行还不尽人意。因此，按照质量管理的理念，建立并有效运行高等教育教学质量保障体系，是高校进一步提升质量的重中之重。

高等教育教学质量保障体系分为内部质量保障体系和外部质量保障体系。外部质量保障体系是相对于内部质量保障体系而言的，是协调、组织高等教育教学质量认证工作并监督高等教育教学内部质量保障体系有效运行的组织机构和系列相关措施。目前，国内高等教学评估中心正是外部质量保障体系的组织机构之一，而本科教学合格评估和审核评估是外部质量保障体系的一种监督手段。外部质量保障体系的建立和有效运行是高等教育教学质量提升的重要组成部分，但不是质量管理体系的主体，质量管理是通过高校内部质量保障系统来进行操作的。内部质量保障体系是质量管理的一部分，强调的是为达到质量要求应提供保证，它涵盖影响质量的所有因素，是为确保并达到规定的质量要求，所采取的所有措施的总和。构成质量管理体系的质量活动包含质量保障，但不仅仅是质量保障，还包括质量方针和目标、质量策划、质量控制、质量改进等。

二、高校教学质量保障体系的要素

质量管理是确定质量方针、目标和职责，并在质量体系中通过质量策划、质量控制、质量保证和质量改进，使其实施全部管理职能的所有活动。可见，质量改进和提升是在质量目标的顶层设计和策划下，依托于质量控制和质量保障体系的有效运行来达到目标。在当今各个高校质量控制系统相对完善的背景下，建立和完善高等教育教学质量保障系统并有效运行，成为教育行政主管部门和高校应重视和深入研究的问题。

作为高等教育教学质量影响因素的主体，高校应当围绕影响高等教育教学质量的所有因素，依据"全面质量管理"的管理理念，坚持"全员参与、持续改进"的原则，建立有效的教育教学质量保障体系，确保质量保障体系所有要素的有效性、制度性、标准性、规范性和改进性。

依据全面质量管理的理念，高校内部教学质量保障体系至少包括目标保障、团队保障、硬件保障和软件保障四方面要素。围绕质量管理体系的相关因素不外乎教师和教学管理团队、教学设施和设备、教育教学过程、招生控制、培养方案管理、学分和考试控制、毕业和学位控制等，其中最重要的因素就是教育教学过程，因此，围绕教育教学过程和改进的预防式质量保障体系的策划和建设必不可少。

三、高校教学质量保障体系的建立

（一）建立准确的教学目标

高校教学培养的目标是学校通过有目的、有计划地实施教育的过程，最终达成培养所需人才的目的。任何学校在确定教育目标方面都要同时受到国家层面（包括政治、经济、文化水平等）和高校自身水平（包括自身定位、办学宗旨、教学条件、学生条件等）的影响和限制。所以，建立准确教学目标时，务必要综合考虑终极目标和阶段性目标，也就是在国家大的政策框架内，根据当下国家的政治、经济、文化发展方向，培养"与时俱进"的、社会亟需的人才。同时，基于该校农业大学的本质，在全面调研的基准上创建科学的、合理的、有特色的终极教学目标。然后，再从该校实际情况出发，综合考虑该校的发展规划、师资队伍、教育水平以及教育成本投入等因素，将终极教学目标逐步有序分割，形成包含有多个教学目标层。与此同时，仍需建立合理的教学评定体系，能够对教学过程实时掌握，以便及时发现并修正偏离方向的教学行为。总之，具体化的教学目标能够合理且高效地完成教学规划，再将其与人才的市场流向相结合，与时俱进地建设高校教学质量保障体系的目标体系。

（二）建立现代化的高校课程体系

高校教学课程体系的建立是高校教学质量的核心，是教育的根本所在，所以提升教学质量的前提是创建高水平的课程体系，但是传统的课程体系在设置课程目标和安排方式上，片面地强调学科知识的观念，导致在课程的组织上只包括传统的基础课程、专业课程和思想政治课；在内容安排上过于专注专业技术的培养，忽略了其他非专业课程的培养。例如，人文社科类大学忽视应用课程设置；理工类大学也只是重视自然科学，忽略了中文、法律等方面的课程。在此类模式培养下的学生，其知识掌握不够全面，以至于不能满足当代社会对大学生全面发展的要求。所以，当代高校的课程体系设置需要改变旧模式，创建能够适应当代社会发展趋势的现代化新体系。

高校课程现代化体系主要体现在以下方面：①开放性。即不仅固封于本校课程体系，应随时保持与外界信息交流。包括引进新的科学技术、与不同高校、不同地区甚至不同国家的课程文化相互学习，汲取精华，为我所用。②灵活性。灵活性是对开放性的拓展，需建立在开放性的基础上。即高校课程体系不能一味吸收外来文化，需要根据实际情况，建设具有本校特色的新型课程体系，并随时根据社会的变动及时调整。③整体性。传统课程体系不足之处就在于整体性的缺乏，即简单地由分散的课程内容拼凑而成。如课程现代化体系建设中各层次的整体性、学生才能培养方向的整体性以及相关要素的整体性。④可控性。需根据一定的反馈信息进行教学管理。无法有效合理地作出决策，凭经验获取反馈信息来运作体系是传统课程管理最大的弊端，严重影响教学进度和教学质量。现代化的高校课程体系，体现了适应社会政治、经济、文化等多方面变化需要的性质。

（三）高校教学师资体系的建立

曾任哈佛大学校长的柯南特曾经说："大学的荣誉不在于其校舍而在于一代代教师的质量"。温总理也深刻地指出："百年大计，教育为本；教育大计，教师为本。有好的教师，才能有好的教育"。高校教学质量保证的基础条件是具有一流的教师队伍。当前，我国高校评定教师成绩主要是根据科研成果、奖励数量而定，助长了教师的急功近利之风，造成教学与科研关系严重失衡。广泛认为科学研究是"硬功夫"，教学是"软任务"。

高校教学质量师资体系的建立，要从教师队伍的建设和对教学工作的领导两方面来建设。教师队伍的建设，主要是以建立具有高水平、高标准师资队伍建设与发展的总目标，特别是注重中青年教师骨干的培养。以民主考评、跟踪培养、滚动培养、优胜劣汰为原则，对拥有创新潜质、扎实学术基础的优秀青年人才进行重点扶植，培养大批学科带头人及教师力量骨干。积极提倡副教授级别以上的教师走上讲台，积极倡导在校博士生及硕士生协助教学；此外，实行教师责任制，创建一套科学的教师教学评估制度，从而极大地激发教师的积极性，激励广大教师高水平的完成教学任务。另外，教学工作是高校开展工作的核心，高校不只是建立科学完善的教学制度保障教学工作有序、合理、高效开展，更为重要的是需要学校有关领导加强对教学工作的指导和引领，所以对于教学工作体系的领导尤为关键，由校级统一安排，将责任落实到各院系、处室、科研部门，将责任切实落实到个人，一切工作的开展都要以教学质量作为评定标准，建立一种"教学质量是工作第一要务"的理念。

（四）高校教学评价体系的建立

教学评价是以教学原则和教学目的为根据，依托科学的评价方法，对教学过程及其预期效果给予价值上的判断。研究表明，如果正确地运用教学评价，充分发挥教学评价的引导作用，那么教学评价可以很好地促进学生的学习。在我国高校教学评价体系也已经很完善，但普遍存在以下几点问题。第一，评价目的不明确。根据目的不同，教学评价可分为总结性评价和促进发展性评价。1989年，英国著名学者艾伦·埃文斯和约翰·汤姆林森提出，教师评价的效果取决于实施教师评价的目的。因此，针对不同目的实施相应的评价方法更有效地进行教学评价。第二，评价主体多于单一。很多高校教学评价的主体只有学生，并没有包括参与教学的全体对象。教学评价主体应包括学生评价、教师自评、指导小组评价、同行专家评价和领导评价多个评价方式相结合。第三，评价的内容不全面。基本的教学评价内容有教学过程评价和教学结果评价，但随着对教师水平的要求越来越高，出现一种以促进教师专业发展为目的的评价——发展性评价。第四，各学科评价差异欠考虑。各个学科的教学手段方法差异很大，因此为了公平性评价，在评价的方法上还应考虑学科差异问题。第五，评价约束不足。教学评价是为了提高教师的教学能力，但事实上，多数教师参加评教为的是职称评定，并且对评价成绩差的教师没有相应的惩罚制度，评价结果并没有得到有效地发挥作用。

第二节　高等教学质量保障体系的构成

通过对教学质量保障要素的分析可以看出，教学质量保障涉及面广，环节繁杂，必须协调各部门按照一定的程序、规则将各个要素整合起来，使得学校教学质量保障工作杂而不乱，有规划、有阶段、有步骤地改进教学质量，这就需要建立一个体系——教学质量保障体系，如图6-1所示。

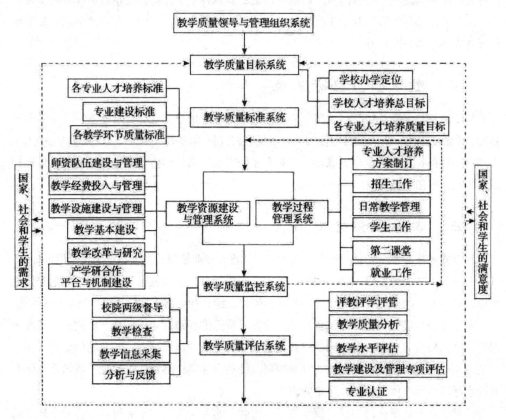

图6-1　教学质量保障体系的构成

所谓教学质量保障体系，是学校为实现人才培养目标，运用系统理论和方法，把质量管理各阶段、各环节的职能组织起来，围绕人才培养活动，对教学过程进行诊断和评价，形成一个任务、职责、权限明确，互相协调、互相促进的有效的、稳定的管理系统。其功能目标是保障高校满足社会经济发展的基本需求，增强高校自身主动适应社会、市场变化的能力，促进高校合理利用内外资源，尤其是学校的人力资源，不断改进和提高学校人才培养活动的效果。质量教学保障体系的构建，关键在？建立科学的质量标准，明确规范的质量责任．健全有效的教学建设、教学管理的制度与流程，这是本科教学质量保障体系建设的基础，由此形成了有着内在联系的若干系统。

一、教学质量领导与管理组织系统

一个完整的教学质量保障体系，首先要有教学质量领导与管理组织系统。该系统的人员由校领导、二级院系领导、教师代表、企业代表组成，范围涉及教学质量的领导、管理及工作机构。教学质量保障的领导机构是校长办公会、教学指导委员会。其主要职责是：明确办学指导思想及质量目标，统一领导学校教学质量保障体系的制订、修改和实施；制订有关保障和提高教学质量的重大政策和措施；监督各个工作机构的执行情况。质量要求为：教学质量领导、管理及工作机构健全；质量管理职能职责明确；各职能部门、教学单位服务人才培养情况良好，师生满意。

二、教学质量目标系统

教学质量目标系统包括：学校办学定位、学校人才培养总目标、各专业人才培养质量目标。质量要求为：明确学校定位与发展目标，制订科学的发展规划，确立教学中心地位；人才培养目标符合学校定位，满足社会对人才的需求，满足学生全面发展的需求；目标构成具体化，可依循操作。

三、教学质量标准系统

教学质量标准系统包括：各专业人才培养标准、专业建设标准、各教学环节质量标准。

各专业人才培养标准包括：知识、能力、素质标准。质量要求为：支持人才培养质量目标，对毕业生的知识、能力、素质要求具体化，满足社会需求和学生全面发展的需要。

专业建设标准包括：专业设置标准、建设经费标准、师资队伍标准、实践平台标准和课程标准。质量要求为：有明确的专业设置条件和合理的建设规划，专业结构合理，注重特色专业的培育；新专业设置适应社会需要，经费有保障，师资队伍标准、实辑平台标准和课程标准明确具体，满足人才培养需要。

各教学环节质量标准包括：课堂教学、实验、实习、实训、毕业设计等各教学环节的质量标准。质量要求为：符合高等教育发展规律，明确具体，可操作性强，经过努力可以达到。

四、教学资源建设与管理系统

教学资源建设与管理系统包括以下项目：师资队伍建设与管理、教学经费投入与管理、教学设施建设与管理、教学基本建设、教学改革与研究、产学研合作平台与机制建设。

师资队伍建设与管理包括：师资队伍的引进、培养，教师的考核和激励机制。质量要求为：师资队伍建设有规划、有措施、有成效；师资队伍数量与结构合理，师德师风优良，满足人才培养需要；建立完善的教师聘任、考核和奖惩等机制；明确主讲教师资格的认定。

教学经费投入与管理包括：四项经费（本专科业务费、教学差旅费、体育维持费、教学仪器设备维修费）占学费收入的比例，生均四项经费的使用情况。质量要求为：确保生均教学经费投入达到教育部要求，满足教学的需要；做到教学经费投入和使用合理、公开、透明。

教学设施建设与管理包括：教室、实验室、图书馆、语音室、体育设施、校园网等硬件和软件的建设与管理。质量要求为：确保各类教学设施的硬件和软件正常运转，能满足本科教学的要求。

教学基本建设包括：专业建设、课程建设、教材建设、实验室与实习基地建设。质量要求为：专业建设应有规划和目标，定位合理，有计划地培育特色专业；逐步形成国家、省部级有一定影响力的特色专业；人才培养方案科学，各专业设置的必修课程达到合格标准，主干课程达到优秀，有一定数量的校级、省级精品课程甚至国家级精品课程；有规范的教材编写、选用制度，有一定数量的高质量的自编特色教材和校企合作教材；实验室建设有规划、有措施，管理规范，满足教学需要，利用率高，有一定数量的省级实验教学示范中心。

教学改革与研究包括：教学内容、教学方法与手段、考试方法等的改革与研究。质量要求为：立项评审规范，经费到位；教学改革与研究成果对教学形成良好的引领和支撑作用。

产学研合作平台与机制建设包括：学校与地方、学校与企业联合办学、协同创新、共建研发机构或实验室、相互提供技术咨询或服务等。质量要求为：有合作规划、措施；有深度合作模式；有一定数最的纵向、横向课题；科研工作、科研平台、科研成果和产学研发展对教学改革及教学质量起到促进作用。

五、教学过程管理系统

教学过程管理系统包括：专业人才培养方案制订、招生工作、日常教学管理、学生工作、第二课堂、就业工作。

专业人才培养方案制订质量要求为：培养计划制订、审核、执行规范，体现人才培养目标要求。

招生工作包括：招生计划制订、招生宣传、录取、生源质量分析。质量要求为：招生计划制定程序规范、合理，符合学校实际和社会对人才的需求；招生宣传效果好，程序规范；生源质量高。

日常教学管理包括：教学计划的执行和教学任务的落实，教学进度的安排，理论与实践教学的运行管理。质量要求为：教学管理制度完善，教学计划执行良好，教学秩序稳定，课堂教学质量好，教学档案规范、齐全。

学生工作包括：学生基础管理、思想政治教育、学风建设等。质量要求为：学生服务与管理工作思路清晰、措施有效，能调动学生学习的积极性；重视学风、考风建设，有较好成效。

第二课堂包括：课外科技文化艺术活动、体育锻炼、社团活动。质量要求为：课外科技文体活动丰富，气氛活跃，学生参与面广，有利于学生创新意识的培养和综合素质的提高；社团管理规范，社团活动贴近学生的学习和生活，体现学生以学习为主的原则。

就业工作包括：市场需求分析、就业措施与效果、应届毕业生就业率和就业质量、毕业生跟踪调查分析。质量要求为：就业指导与服务工作思路清晰，措施周密细致，成效显著，就业率高，就业质量好。

六、教学质量监控系统

教学质量监控系统包括：校院两级督导、教学检查、教学信息采集、分析与反馈。质量要求为：对全校教学建设、教学运行秩序、教学规范的落实情况进行有效的监督检查；采集教学基本状态信息，并分析、反馈，不断改进。

七、教学质量评估系统

教学质量评估系统包括：评教评学评管制度、教学质量分析、教学水平评估、教学建设及管理专项评估、专业认证等。质量要求为：制订科学的教学评估指标体系和实施办法，建立常态评估机制；准确采集教学运行的基础数据进行综合分析，结合学校教学工作进行评估，形成教学质量状态的基本判断，为教学质量的控制提供决策依据。第四章教学质量领导与管理组织系统。

第三节　高等教育教学质量保障体系存在的问题

"质量的进步体现在质量体系不断完善和有效运行的过程中。"质量体系的完善也将经历以检验（如学生考试、考查、学分规定等）和检查（如校级教学巡查、督导检查等）为主的质量控制阶段，以预防为主的质量保障阶段，过渡到以顶层设计、执行为主的质量管理阶段，最终将发展进入到以质量文化为主的全面质量管理阶段。目前，大部分高校质量体系还处于以预防为主的质量保障阶段，即质量保障体系的建设和实施阶段，这一阶段关系到后续全面质量管理和质量文化的实施和形成进程，也关系到各高校审核评估的合格与否。因此，按照质量管理 PDCA 循环的原则，在现状调查、要因确定等基础上找出符合学校实情的实施对策，建立符合学校特色的教育教学质量保障体系是当务之急。而要建设有效的质量保障系统，必须先找出目前高等教育教学内部质量保障体系存在的问题。

一、组织架构上缺乏独立的质量管理部门

从质量管理视角下看，质量控制与质量保障的职责应由独立设置的质量管理部门来履行。

国内高校质量控制和质量保障的职能大多数是由教务处履行。众所周知，把高校的组织架构平移到企业模式上的话，教务处属于生产管理部门，应履行的是教学运行、考试安排等管理职责。教学质量监控、质量保障和教务管理职责不能由同一个职能部门来履行，正如同一个人不能既是"运动员"同时又是"裁判员"一样。质量管理和教务管理的职责归属一个部门，容易职责不清、判定不明，其结果是质量管理的权威性、专业性会逐渐削弱，其管理模式也与大学现代科学管理的模式不符。

质量管理体系的顶层设计首先就是组织架构的设计，组织架构尤其是质量管理组织架构不明确、职责混淆，则质量管理、教学运行管理和教务管理等职责也难以厘清，这种模式长期运转下去，会弱化质量管理的职能，也会造成教师和教学管理队伍质量意识淡薄，对于将来全面质量管理和质量文化建设产生难以逾越的障碍。

二、教育教学自评和质量回顾流于形式

质量管理系统建立和有效运行的真正内涵是质量的持续改进，而质量的持续改进很大程度上依靠质量回顾、自评等管理手段的有效运行，尤其是在全面质量管理系统建立之前这一点尤为重要。国内大部分高校没有相关机制来促使质量回顾和自评的有序、有效开展，尽管在申请评估时需要报送自评报告，但往往自评报告的形成过程有悖于质量管理的初衷。大部分高校没有结合学校规模、自身特点制定符合学校特点的自评标准，有的高校自评常常是参照高等教育教学外部评估标准，或照搬其他高校的自评标准，没有结合学校自身实际，这样制定出来的自评标准缺乏科学性。审核评估的重点是质量保障体系的评估，而质量自评和回顾是质量保障体系建设的重要手段，对高校质量管理体系的闭环发展起到关键性作用。学校定期开展的自评工作如果没有明确的适用性标准，那么自评的结果也就很难形成针对性的整改保障，刺激质量管理体系的持续改进的作用也就难以突显，显然这也是质量保障系统的一项重要缺陷。

三、未形成系统的、行之有效的质量文件控制管理制度

国内高校相关教学管理文件已比较齐全，只是文件管理控制没有形成体系，管理制度类似于行政机关的文件管理，没有将教育教学质量有关文件的起草、审核、签发、修订、销毁、保密等制度建立或形成独立的模块，由教学质量管理部门分类统筹管理。另外，没有完全形成与相关文件对应记录的归档、销毁管理等制度。因为没有规定文件的二级执行单位不能及时处理过时的记录；同时文件没有分类编号管理，新文件下发后，旧的文件也很难找到并收回，所以也就无法形成闭环的文件管理制度。

目前高等教育教学有关文件管理由各个二级学院分别归档，没有明确质量管理部门对文件和记录的管理或指定管理制度的权限，在审核评估时就很难找出质量保障系统有效运行的佐证记录和支撑材料，同时也难以使文件管理系统形成闭环的有效运行机制。

四、教师和教学管理人员的培训机制不健全

高校教学管理人员的培训一般由教务处具体负责，培训内容一般是针对职业素养提升，没有形成质量培训的良性机制。质量培训机制不健全，则质量管理系统的方针、政策和制度难以贯彻或难以全面贯彻。教学质量事故往往是在质量监控过程中发现后整改或惩罚，这种"事后惩罚"制度容易形成教师的抵触情绪，也不利于教学的正常开展，同时在接受合格评估和审核评估时也容易出现大量需要整改的问题，而这个时候的整改是"为了整改而改"，难以通过整改促进质量的提升。

五、质量管理体系范围不明确，质量保障系统不完善

国内高校一般都有督导听课、教学管理人员巡检等质量监控手段，但监控手段多是随机式或促改式现场监控，对教师上课情绪有一定影响，且没有形成对学生的监控和改进。但作为偏差管理、变更管理、教师培训等质量保障系统只限于审核、批准等简单的管理，没有形成年度统计和回顾、整改措施和纠偏、环比和同比数据分析、查找原因、实施对策等闭环的质量管理活动。整体来说，在质量管理体系没有完整建立的情况下，质量管理大多是事后监管，而没有形成事前预防的机制，即只有监控没有预防，长此以往，质量管理体系运行是否有效，是否能够有效地持续改进，这一点值得深思。

第四节 高等学校教学质量保障体系完善和构建

近年来，我国高等教学规模不断扩大，据统计，截至 2017 年 5 月 31 日，全国高等学校共计 2914 所，毕业生人数达 795 万人，较 2016 年增加 16 万人，高校毕业生就业压力

不断增强。随着社会对人才能力要求的不断提高，提高教学质量，不仅是高等教学发展的核心任务，也已成为全社会的关注点。因此，建立一个完善的高等学校教学质量保障体系已经刻不容缓。

高校教学质量保障体系有外部保障体系和内部保障体系之分，其发展过程是由外而内的，先有外部保障体系，进而从外部的监督转化为自身的需求，直至高校内部保障体系的逐步建立与完善，并最终形成内外互动的良性发展。随着我国高校一系列评估工作的深入展开，正逐步加强对高等学校教学工作的宏观管理与指导，促使各级教育主管部门开始重视和支持高等学校的教学工作，促进学校自觉地贯彻执行国家的教育方针、加强教学基本建设、强化教学管理、深化教学改革、全面提高教学质量和办学效益，可以说，我国高校外部教学质量保障体系已经日趋成熟。2005年欧洲大学联盟（EUA）大会指出："真正提升大学教学质量的关键并不在于外部评估和监督，其起点在于大学内部在促进与提高教学质量上所做的持续性工作"。在外部环境不断改善、外部因素更加有利的情况下，高校自身的建设就显得尤为重要。如何构建有效的内部教学质量保障体系正成为各高校亟待研究解决的课题。

一、明确保障体系目标，平衡服务与问责关系

第二届欧洲高等教学质量保障论坛（QAF）对高等教学质量保障的定义是：质量保障是一个机制，目的在于为学生有效的学习提供保障；质量保障在一定程度上又是一种管制，通过一系列的控制，影响学生接受高等教学的体验，保证高校达到基本的办学要求，并接受经费提供者及学生等利益相关者的问责，或保证高校建立促进学生学习的过程机制。它是一个质量管制或控制过程，其最终目的是促进学生的学习。

我国高校教学质量保障体系的建立起源于教育部的评估工作。从20世纪80年代起，为了建设高等教学大国、强国，教育部先后实施了合格评估、优秀评估、随机评估和水平评估等多轮评估，而各高校在评估外力的推动下为迎接评估工作纷纷建立了内部教学质量保障体系，其主要解决的问题是帮助高校通过国家管理部门的考核。故大部分高校内部教学质量保障体系目标在其诞生之日起即存在偏差，这种偏差是由其先天属性所决定的。而这又进一步导致质量保障体系问责性质大于服务性质，从根本上来讲，就是缺乏对内部教学质量管理和提升教学效果的考量。这也必然导致整个体系在运行过程中偏重最终结果的评定，轻视过程控制与信息回馈；偏重问责管理，轻视改进服务；偏重对"师"的教学评价，轻视对"生"的学习帮助。这种偏差的最终结果是保障体系的长效性、自身适应性和时效性都不尽如人意。因此，要想让高校质量保障体系能长久、高效地运行，必须首先明确其终极目标是促进学生的学习，其保障的方法与过程不仅仅是管控与问责，更重要的是进行有效的信息回馈与服务，这样才能从根本上确保保障体系向着正确的目标沿着正确的

路线前行。

二、优化保障主体结构，填补学术人员的参与缺失

目前，大部分高校教学质量保障体系主要由学校的行政部门和教学管理部门主导建立并进行日常监控与管理，带有浓厚的行政管理色彩，而本应该是保障参与主体的"教师与学生"却只是以管理对象的身份出现在其中，未能有效反映师生的诉求。这就使得师生的积极性没有被调动起来，主观能动性更是无从体现。

主体缺失的另一个方面就是未能体现学术人员的主导地位。质量保障体系的运作在国际知名大学的通行做法是"学术委员会主导下的行政执行"式，即保障体系的责任机构是学术委员会，负责质量标准的制定并为教学质量管理、评估和提升负责；教学行政管理部门作为执行机构执行学术委员会的决定，负责日常管理工作并向学术委员会负责。而在我国教学质量体系中，主体参与者中普遍存在学术人员缺失的问题，使得保障体系很难达到与"以学生发展为中心"的先进教育理念相统一。因此，为建立新型的高校内部教学质量保障体系，当下要解决的另一个问题就是：确保保障主体既要体现行政线，又要加强学术线，以师生的诉求为核心，走专业化道路。

三、丰富保障体系内容层次，加强校园文化建设

高校内部教学质量保障体系是一个庞杂的系统，在全面质量控制的思想下，涵盖了教育质量思想文化建设、质量标准准则的设立、教育投入—过程—产出保障，反馈和修正系统的建设。但在目前很大一部分高校内部保障体系未能保有和加强以学生为中心的高校本身的教育内涵和价值，将保障体系压缩成了质量监控，从内容上看，错误地将教学评价和监控作为保障体系的核心内容，但重点仍停留在日常教学管理层面，只对教师教学环节进行质量监控，而在学校文化建设、人才培养顶层设计和机制建设方面较为欠缺；在学生学习效果评价、用人单位对毕业生满意度的跟踪调查等方面尤为不足；本应由教学监控引申出的评价信息反馈、教学研究和改进功能更是短板。这种内容不健全的保障体系只发挥了约束控制作用，未能体现促进教学质量的作用。

新型保障体系在建立时需要考虑以上问题，要着重顶层设计，包括学校的定位、人才培养目标的确定，制定合理的教学评价机制，尤其是在现有的监管体制上注重设立有效的教师培养、提升机制，日常各类规章制度在制定时要本着激发教师的能动性，激活学生学习的活力，促进校园文化建设的原则进行，这样就能避免保障体系只见管理监督不见文化建设的过度监管，形成校园文化的良性循环，从而真正提高教学质量。

四、弱化量化考评增强质性分析，实现全过程信息收集与反馈

1. 弱化量化考评增强质性分析

我国高校内部教学质量保障体系是继国家先后开展的五次本科教学评估而逐步建立起来的，从其诞生伊始就带有强烈的"外源性""行政性"和"继承性"，这使得很多高校的保障体系具有高度的质量问责烙印，而缺失了自我诊断改进和提高的功效。多数高校保障体系常见模式是由教务处、督导组等职能部门开展教学检查、督导听课、学生评教与调查等一系列教学评价活动，并根据国家教育部评估的指标体系设立一整套评价指标观测点，将一切教学活动加以精细化分解量化，用以最终评定教学质量的高低并与绩效考核挂钩。这种自上而下按组织及个人层层量化分解的质量评价指标体系，从表面上看有着易实施、高效、公平、便于教学管理秩序维护和提升管理效率等优点，但其测量信息全面性、科学性、反馈及时性等内在问题被加以掩盖，从而无法监控质量生成的全过程。

保障体系本应包含质量投入控制、过程控制和结果控制这一系列完整链条，但现有的保障体系偏重于结果控制，轻视过程控制，试图用教学评价的诸多量化指标来完成全部教学质量监控，从而忽视了质性问题的分析与信息反馈。而实际上这些只是从表象反映质量投入与产出间的数量关系，是最终结果的一个静态反映。实际操作过程中又由于指标设计缺少科学性和系统性、评价层级设计单一、信息收集滞后且不全面，导致评价信息不能很好地用于教学的改进。这种只重视结果的量化考评，轻视质性信息分析和改进服务的体系，必将限制师生能动性的充分发挥，最终阻碍教育质量的提升。

2. 系统全面地收集教育全过程信息

如今高校教学正逐渐显出"以学生为中心"的主流趋势，以期实现高校由以"教"为主向以"学"为主转变，教育模式也由"传授"向"学习"转变，要反映学生的知识、技能、综合能力提升与否以及提升的效率和幅度等信息，势必要通过教学评价相关信息。然而，由于目前评价指标的设定、收集与数据整理等皆出现零散、单一、不连续、不全面的问题，使得相关信息的收集及反馈既难以全面又做不到迅捷。具体来说：一方面，当前的系统只是收集了反映学生学习结果的数据，未能收集反映影响结果因素的信息，更不能对各影响因素进行阶段测量分析，这样很难提供全方位且覆盖各个学习阶段的全面信息；另一方面，只收集了反映学生的群体信息未能细化到个人，这样很难跟踪反映每一名学生的学习状况、特点、长处与弱点。根据这样的信息，从学生的角度来看，不能依此数据主动反思自己的学习过程并调整自己的学习内容及方法，个性化教与学也难以实现；从教师的角度看，也不能获得足够多的信息来判定教学行为的效能，并据此研究改进教学活动与方法，作出的相关教育决策多属于靠常识而定，很难做到科学准确。然而，教育活动恰恰是不能以工业生产的质量控制来套用的，其中主体人的自觉性、创造性和能动性的发挥对教

育质量的高低起着决定性作用。因此，新型的保障体系在设计时必须注意增加对于教育过程进行动态监控和反映的指标，以及反映影响教学质量因素的质性指标，这样才能系统、全面地收集教学过程数据并能及时为教学改进提供反馈信息。

五、增设教学咨询机制，提升教学质量

1. 教学咨询目的与机构人员要求

相较于重在评价与问责的督导听课等其他教学促进方法，教学咨询旨在通过教学诊断为教师提供有关课程结构、教材选用、教学方法、学习效果等教学指标方面的反馈信息，使教师能够及时调整教学重点、难点及教学方法，以便实现教学促进，帮助教师实现教学能力的提升，从而改善教学效果。设立教学咨询机构首先重在人员的配备，要求咨询人员具备相关专业领域的较深知识储备，要有丰富的教学经验，掌握先进的教学理念与方法，要了解学校师生的教学情况，要有良好的沟通技巧，这样才能确保教学咨询这一模式的有效运行。通常由专业咨询员、较高专业素养的在职教师或督导人员组成，但要想咨询模式高效长久的运行，专职咨询人员应占有较高的比例。

2. 教学咨询模式的运作过程

第一步，由教师提出咨询要求。教学咨询是一种服务模式，完全是教师为了提高教学质量的一种自发性要求，不具备任何行政管理色彩，由有需求的教师向咨询小组提出咨询服务要求。一般是通过会谈的方式让需要咨询服务的教师了解教学咨询的基本做法和流程，并且让咨询小组成员了解咨询教师所教授的课程的基本信息和特点，以便咨询工作具有针对性并且双方能顺畅地沟通和了解彼此的目的，建立起共同的行动目标。

第二步，咨询小组进行几次课堂观摩并组织学生进行讨论收集意见。首先，咨询小组听课不带任何监督管理目的，只是单一注重记录并分析其授课特点、方法、节奏等教师授课行为及学生学习效果。其次，在收集学生的反馈意见时注意不要像通常的学生评教打分那样要求每位学生给出评论结果，而应该是将学生分组讨论后给出相关的质性分析信息，比如，要学生说明该教师的教学优点有哪些，还有哪些地方需要如何改进才能帮助学生进行有效的学习，最好能由学生给出比较实例或建议，这种意见要求是小组内一致通过的讨论结果。然后再将各组信息综合在一起进行全班讨论，并将同学共同认可的问题加以提炼作为反馈给教师的主要信息，使其具有普遍性和代表性，从而避免学生提出问题的繁杂性和个别性。

第三步，反馈建议。在这一阶段咨询小组会和授课教师进行讨论分析，给出咨询员进行课堂观摩后的意见和建议，并和教师一起研究学生提出的反馈信息，利用经验和专业知识帮助教师分析提炼，给出改进建议，使授课教师很快能找到问题所在并抓住改进教学的着力点。

　　然后重复第二步、第三步，跟踪教师授课的改进情况和学生的学习效果，再与学生进行座谈。如此下来，教师能很快改进教学，提高业务能力，学生能看到所提出的意见得以快速反映到教师的教学中，他们是第一受益人，当然乐于参与，不会再将座谈等教学互动看作是走形式而应付了事。这样教学咨询模式就形成了一个良性循环，充分发挥了师生的互动性和创造性。

　　以上从五方面讨论了如何完善和构建普通高等学校教学质量保障体系，以期有益于高校教学质量的提高。

第七章 高校教学质量保障建设

第一节 高等教学质量保障建设的战略

质量表征产品或服务与社会需求之间的适应程度，其动态性特征显而易见。质量评估和质量保障往往是基于特定的质量标准而采取的质量建设行动，前者是对特定时间和空间的高等教学质量做出评价，后者主要为了保障高等教学质量能够达到基本标准即完成合格评估。这些当然是高等教学质量保障建设的重要内容，但是，高等教学本身是不断发展的，其质量标准也是动态的，高等教学质量保障建设没有止境，从而要求通过连续性的质量改进来促进高等教学的可持续发展。这就需要战略思维来理解高等教学质量保障建设，通过一系列的战略行动来切实推动高等教学质量保障建设。

一、高等教学质量保障建设的战略思维

战略是对组织发展目标和路径等重大事项的全局性谋划，是组织发展的发动机和导航仪。战略思维是从组织全局出发思考组织发展战略的思维方法。战略和战略思维在经济社会的多个领域都有广泛的应用，高等教学发展同样需要战略和战略思维。就高校来讲，高校管理者尤其是校始终要围绕"办一所什么样的大学"和"如何办好一所大学"这样的战略问题来思考，而不能被繁杂的日常事务所淹没。毫无疑问，提高质量是当前高等教学发展的战略主题。这就需要运用战略思维来规划高等教学质量保障建设，时不能盲目规划、盲目投资、盲目推倒重来。

（一）战略与战略思维

战略（Strategy）是企业管理领域的一个基本概念，是"为了达到组织总目标而采取的行动和利用资源的总计划"。除企业管理领域以外，"战略"在政府管理、学校管理、军事科学等多个领域都有着广泛应用。《方法论辞典》将"战略"定义为"政党和国家在一定历史阶段内根据形势要求规定的全局性的总方针、总任务"。美国哈佛商学院教授安德鲁斯（K. Anderews）认为，企业战略是一种决策模式，它决定并揭示企业的目的和目标，提出实现目的的重大方针与计划，确定企业应该从事的经营业务，明确企业的经济类

型与人文组织类型，以及决定企业应对员工、顾客和社会做出的经济与非经济的贡献。对"战略"的这一定义揭示出三个方面的内涵：一是组织发展愿景，即长期目标。"发展愿景"要回答的问题是"我们希望自己的组织成为什么样的，或者我们所肩负的使命是什么？"这是任何组织存在与发展的前提性问题，它也是组织存在的生命力源泉。"发展愿景"由"核心意识形态"和"远大愿景"两个主要部分构成，具有鲜明的价值性、内隐性和人文性。正如企业将发展愿景定义为营利一样，高校将发展愿景定义为育人同样具备实质性的内涵。对于任何一个特定的组织来讲，发展愿景都应该具有自身的个性。二是组织发展方针，即重大政策。组织发展方针是在发展愿景的指引下，形成的具有较强稳定性和持续性的行动原则。只要发展愿景没有改变，这些发展方针就不应该被轻易地改变。事实上，除非组织环境面临着重大变化，否则就应当坚持当初的发展愿景。三是组织发展项目，即核心业务。发展项目是组织在贯彻发展愿景和发展方针的过程中，形成的基本业务活动，这些业务活动往往是组织核心竞争力的直接体现。组织可以在发展过程中产生一些非核心业务，或许也能服务于组织发展愿景，但是，除非调整组织发展愿景，否则那些作为核心业务的基本发展项目始终是组织发展的重点和核心。由此可见，战略是特定组织对其发展愿景、发展方针和发展项目的整体谋划，具有鲜明的全局性、长远性和稳定性。

战略思维是组织领导者或管理者重要的思维品质和能力。党的十七届四中全会做出的《中共中央关于加强和改进新形势下党的建设若干重大问题的决定》指出："中央委员和省部级领导干部要认真研读马克思主义特别是中国特色社会主义建设理论体系的基本著作，切实提高战略思维、创新思维、辩证思维能力，带头探索回答重大理论问题和实践问题"。战略思维是"整个思维过程中研究战略诸问题的思考、谋划过程，既包括认识边界的思维过程，又包括改造世界过程中进一步深入思考、谋划的思维过程"。也有学者认为，战略思维指"思维主体为了达到一定的战略目标从宏观总体和长远建设出发所采取的认识和把握问题的一种思维方式"。作为一种思维方式，战略思维是"研究全局性、长远性和根本性指导规律的思维方式。全局性、长远性、层次性和稳定性是战略思维的本质特征。"战略思维并不考虑细枝末节的事情，而是那些事关全局、事关长远的重大事项。这些"重大事项"往往是特定组织存在的根本依据，并且决定着组织的未来发展方向和发展水平。一般来讲，组织领导者或高级管理者是战略的制定者，也是最需要战略思维的。有学者认为，"战略思维契合中现代化建设的整体特质和发展要求，成为规划当代中国发展的主导思维范式和解读科学发展观的重要视角"。何为战略思维？简而言之，战略思维就是对战略的思考与谋划，并在这一过程中对思维品质的塑造，从而形成一种具有战略性特征的思维方式。

（二）高等教学的战略思维

教育事业发展规划需要战略思维。现代教育并非只是单纯的个人或家庭的私事，它带有相当明显的公共性。政府在教育事业发展中扮演着至关重要的角色，政府是教育事业的主要投资者、举办者、管理者、监督者和规划者。一般而论，存在一种社会偏见：认为只有政府才需要教育规划，而学校和教师与教育规划无关。实际上，无论是在宏观的政府层面或是在中观的学校层面，或者微观的课堂层面，都离不开发展规划。教育事业发展规划就是对今后一个相当长的历史时期内教育事业发展做出全局性的谋划，这就离不开战略思维。在政府层面上，1993 年，中共中央、国务院印发《中国教育改革和发展纲要》，这是指导我国 20 世纪 90 年代乃至 21 世纪初教育改革和发展的纲领件文件；2004 年，国务院发布《2003—2007 年教育振兴行动计划》；2010 年，国家颁布了《国家中长期教育改革和发展规划纲要（2010—2020 年）》，描绘了今后十年中国教育事业发展的宏伟蓝图。在学校层面上，学校要办出成绩、办出特色，办学者就必须要有独立的思想，而不是一味地执行教育行政部门的若干规定。没有思想的办学者不可能成为真正的教育家。校长只有把诸如"要把一所学校办成什么样的学校"、"要怎样去办学校"这样的战略性问题思考清楚，学校的发展才能拥有未来和希望。学校发展战略思维是"一种大智慧，要求校长讲规律、重品位、谋全局、顾长远、抓根本，是校长能力水平和综合素质的重要体现"。在课堂层面上，看似全是一些烦琐的教学细节，似乎与教育规划扯不上关系。实际上，课堂是教育质量的关键环节，是教育质量的最终体现。在课堂上，充满了最真实的教育矛盾，而这些矛盾是所有教育事业发展矛盾的根源。要解决这些矛盾就需要战略思维，"战略思维很重要，结构化、系统化、整体性思考很必要"。因此看来，在教育事业发展的各个层面上都需要教育规划，尤论是教育政策制定者、学校校长还是教师都需要有战略思维。高等教学亦然。

高等教学发展规划要有战略思维。高等教学是一个复杂的巨型系统，不仅在层次上处在教育体系的顶端，而且其内部结构和功能都日益多元化。在进入了高等教学大众化发展阶段之后，高校走到了社会的中心，并且精英高等教学与大众高等教学并存。这些都增加了高等教学事业发展规划的难度，也更要求有战略思维。高等教学战略思维是"从宏观总体和长远建设上来认识和把握全局的思想方法"；"反映了战略决策者的边界观，是制定战略规划的方法论"；是"组织持续发展、经久不衰的核心推动力量"。在政府、校长、教师三个层面上，高校校长：所代表的管理者团队特别需要有战略思维。这关系到"办一所什么样的学校"以及"如何办学"的重大问题。在高校走到社会中心之后，在各种高等教学满足社会需求的呼声中，高校自身更应当加强发展战略规划。因为高校是满足社会的需求而不是社会的欲望，高校不能在走出"象牙塔"之后却迷失了自我。有学者提出，高校的战略思维，"说到底就是想办成一所什么水平的大学，怎样去办成这样的大学，即目标定位和实现目标的途径"，包括"办学理念"、"学校的定位"、"学科建设"、"队伍建设"四个方面的重要内容。有学者通过对同外著名大学的研究，将高校的战略思维模式划分为六类："突出比较优势，以局部带动全局的模式"、"基于资源观的模式"、"问题解决型模式"、"结合社会发展需要和区域优势的模式"、"遵循'本校'的发展逻辑，着力打造学校特色的模式"和"加强外部联盟的模式"。还有学者认为，高校的战略思维应当包括"定位思维"、"路径恐维"、"协调思维"和"持恒思维"四个维度。定位思维是确定学校的发展目标,路径思维是选择学校的发展路径,协调思维是对发展战略执行过程中的各种矛盾的协调以保障系统的正常运行,持恒思维是对发展战略规划的坚守以保证战略发展方向的一致性。总之,高等教学的可持续发展需要科学的战略规划,进而要求管理者和教育者树立起战略思维意识、品质和能力。

(三)高等教学的质量战略

提高质量是高等教学发展的战略主题。在经历了一个快速的高等教学大众化、跨越式发展阶段之后,当前我国高等教学体系与 2000 年之前相比,发生了显著的变化。高等教学机会不足的矛盾基本解决,而主要矛盾转移到质量上来了,全社会都期待着一个高质量的高等教学体系。2010 年,《国家中长期教育改革和发展规划纲要(2010—2020 年)》要求:"提高质量是高等教学发展的核心任务,是建设高等教学强国的基本要求"。2013 年 5 月 30 日,杜玉波副部长在 2013—2017 年教育部高等学校教学指导委员会成立视频会议上强调,"未来我国高等教学发展的战略重点将必然放在提高质量上,从以规模扩张为特征的外延式发展转到以质量提升为核心的内涵式发展上来"。可以说,提高质量是高等教学发展战略的核心,是思考高等教学发展全局性问题的根本出发点和落脚点。要实现高等教学的质量改进,就要把提高质量作为高等教学发展的战略主题,或者直言之为"高等教学的质量战略"。

质量战略是高等教学发展战略的概括性表述,它涵盖了一系列的具体战略。有学者提出,我国高等教学应该实施"国际化战略、多样化战略、抓大放小战略、多元办学战略和特色强校战略"。也有学者提出,"在高等教学强国建设背景下,地方高等教学可以采用稳健型发展战略、特色化发展战略、跨越式发展战略"。应该说,针对"高等教学有哪些发展战略"这一问题没有统一的标准答案。尽管所有高等院校的终极目标都是提高质量,但是,不同的高校,其区位优势、教育资源、历史传统各不相同,其战略选择也自然应当各具特色。在我国高等教学领域,最容易出现的一种"怪象"就是贪大求全、一哄而上、趋同发展。往往为了追求一些"新的生长点"而放弃了自己的传统优势,结果没有把"芝麻"捡到,还丢掉了"西瓜"。实际上,这一现象只能说明,当前的一些高校办学者和管理者缺乏战略思维,不知道自己是什么,也不知道自己要什么。高校应当始终将质量战略作为学校发展的核心战略,并且努力挖掘出能够支持质量战略的战略体系。接下来,我们将以质量建设为目标,对特色化战略、一体化战略、国际化战略和协同创新战略进行深入探讨。

二、高等教学质量保障建设的战略分析

(一)高等教学质量保障建设的特色化战略

学校特色是提高教育质量和塑造高校品牌的重要基础。高校特色发展并非权宜之策,

而是长远之计。无论是教育理论研究，还是教育实践政策都强烈地强求高校办出特色。高校应当运用战略思维来思考学校的特色发展，将培育学校特色作为思考高校发展战略目标、战略项目的重要出发点和核心内容之一。学校特色不能靠"引进"，只有在长期的办学实践中，才能生长出来。

1. 高等教学特色与特色化战略

从字面上，"特色"这一概念大体可以理解成特别的色彩。之所以特别，在于其与回类之间存在着显著的区别，这种区别表现在色彩上，即事物的性质。"特色就是立足于同种事物的独特差异性及其美誉度，就是人无我有、人有我优、人优我特、人特我高。"尽管可以将"特色"这一概念定义为某事物区别于其他同类事物的显著性质的综合，但这种定义的明晰性并不意味着"特色"是个简单的概念。由于事物的性质总是多维度的，任何一个具体事物也不可能在所而维度上都与其同类事物形成显著区别。因此，某种具体事物"特色"的具体所指并不确定，而是相当复杂、多元和动态的。

在教育领域，学校特色是"学校在较长时间的办学实践中，遵循教育规律，发挥本校优势和传统，选准突破口，以点带面，实现整体优化而逐步形成的一种独特的、优质的、稳定的办学风格。"这种办学风格基于特定的学校历史传统而生长出来，并非外在的舶来品。高等教学特色主要体现在高等院校的办学特色，与"学校特色"概念相类似，高等院校特色就是高校"在尊重学校历史，正视自身条件和分析客观环境的前提下，自觉追求自己的办学理念、办学模式和办学风格，主动合理地选择了的发展方向、发展空间，从而逐步形成自己的优势和社会声誉，其对内转化为核心竞争力，对外表现为学校品牌。"可以说，高校的品牌与特色形成一体两面的表里关系，特色是高校的性质和特点，品牌是高校的性质和特点与公众充分互动之后在公众心目中留下的效果。品牌意味着公众对高校办学行为、办学质量的认知与认可，这是高校重要的无形资产。良好的学校品牌会对高校的办学行为产生积极的促进作用；反之，则会成为高校发展的障碍。也就是说，特色发展能够促进高校的品牌打造，而良好的学校品牌又能促进高校的可持续发展。因此，高校应当坚持特色发展。

高校特色发展是"一所高校在长期的办学实践中逐步形成的持久、稳定的发展方式和被师生与社会普遍认同的、具有独特品格和较高美誉度的发展特征。高校特色发展，体现了一所高校的优质发展特征，是其人才培养质量和学校管理水平的综合反映，是其获取持续竞争优势的重要源泉，是通往创建国内外知名大学的必经之路。"高校特色发展应当与战略管理结合起来。战略竹理（Strategic Management）是"组织为了长期的生存与发展，在充分分析组织外部环境和内部条件的基础上，确定和选择组织战略目标，并针对目标的落实和实现进行谋划，进而依靠组织内部能力将这种谋划和决策付诸实施，以及在实施过程中进行评估与控制的一个动态管理过程"。高校特色发展与战略管理的结合就是特色化战略。特色化战略和特色发展具有内在的一致性，都是要求高校办出特色。二者的区别在于特色化战略要求将特色发展作为高校发展的一种战略。也就是运用战略思维来谋划高校的特色发展，将特色发展提高到战略管理的高度，从高校发展的全局和长远来思考高校发展目标和路径如何体现出学校特色。

2. 高等教学特色化战略的价值

高等教学特色化战略立足于高等教学大众化的时代背景。在我国高等教学经历了世纪之交的跨越式发展、实现快速大众化转型之后，高等教学体系在规模上巨型化、在结构上多样化，历史上一统天下的精英教育模式受到挑战，不能继续作为全体高等教学的标准范式。从"一"到"多"是高等教学发展的基本趋势，这也正是可以提出高等教学特色化战略的逻辑前提出"高等学校特色发展问题，是当今我国高等教学改革与发展所面临的重点问题，是决定高等学校的水平、优势、竞争力和生命力的关键要素。"高等教学特色化战略就是要将高校的特色发展提升到战略高度，运用战略思维来谋划高校的特色培育。这主要源于教育理论研究和教育实践政策都充分地肯定和强调了学校特色的价值，现实要求将其提升到战略高度。

在高等教学大众化阶段，多样性的高等院校构成了一个充满竞争性的市场。每一所高校都需要接受市场的检验，而检验的根本准绳就是教育质量。表面上看起来，这似乎与特色没有关系。事实上，一所高校要办出质量，就必须要办出特色。"每一种类型的高校都时以成为知名的有影响的高校，问题在于能不能办出特色"。靠特色出质量的办学思路才能摆脱用一把尺子去衡量全体高校教育质量的困境，因为特色是个性化的，特色是可以多元并存的。综合大学可以有综合大学的特色，职业院校同样可以有职业院校的特色，职业院校不必也不应该依循综合大学的发展模式去办学，但同样可以办出有特色、高质量的高等教学。"每所大学能够生存，能够发展，能够出名，依靠的主要是特色，而不是大"。如果不依靠特色来提高质量，那么，在中国，就只有北大、清华是高质量高等教学的代表，就不能改变"千军万马过独木桥"的现实。如果都按照北大、清华的质量标准来办高等教学，那么，在北大、清华之外，还有数千所高校就永远看不到希望。实际上，中国庞大的高等教学体系绝对离不开各类高等教学机构的积极参与和贡献，清华、北大代替不了其他高校，其他高校除了成为它自己以外，永远也成为不了清华、北大。因此，高等院校只有坚持特色化战略，才能够不断地提高质量，从而促进自身的可持续发展。

特色办学是高等教学质量保障建设的重要政策。"学校特色"是进入新世纪之后的首轮本科教学水平评估指标体系的重要维度，培育学校特色一直是高等教学质量保障建设的重要着力点。温家宝同志曾对制定《同家中长期教育改革和发展规划纲要（2010—2020年）》做出指示："高等学校改革和发展归根到底是多出拔尖人才、一流人才、创新人才。高校办得好坏，不在规模大小，关键是要办出特色，形成自己的办学理念和风格。"在《国家中於期教育改革和发展规划纲要（2010—2020年）》中，"特色"被列为高等教学事业发展的重要目标之一，"到2020年，高等教学结构更加合理，特色更加鲜明，人才培养、科学研究和社会服务整体水平全面提升，建成一批国际知名、有特色、高水平的高等学校，若干所大学达到或接近世界一流大学水平，高等教学国际竞争力显著增强"。并且，还提出了具体的要求："促进高校办学特色。建立高校分类体系，实行分类管理。发挥政策指导和资源配置的作用，引导高校合理定位，克服同质化倾向，形成各自的办学理念和风格，在不同层次、不同领域办出特色，争创一流。"2012年，《教育部关于全面提高高等教学质量的若干意见》（简称"高教三十条"）再次强调，"强化特色，促进高校合理定位、各展所长，在不同层次不同领域办出特色、争创一流"，"探索建立高校分类体系，制定分类管理办法，克服同质化倾向。根据办学历史、区位优势和资源条件等，确定特色鲜明的办学定位、发展规划、人才培养规格和学科专业设置。"由此可见，高校特色办学已经成为高等教学政策的重要内容，坚持特色化战略在实践中具有重要的价值。

3. 高等教学特色化战略的实施

实施特色化战略是一项系统工程，它牵涉到高校管理的方方面面。我们肯定不可能在存限的篇幅内将这样一个庞大问题展开详细的论述。以下三个方面在实施高等教学特色化战略的过程中，具有突出的重要地位。

（1）树立科学的特色发展观。提高质量是高等教学的中心，培育特色是提高高等教学质量的重要战略，而特色本身又具有若干重要的特性，其发展遵循着独特的规定性。一方面，办学特色是内生的，而不能从外面引进。"特色不是上面封的，不是专家设计的，特色必须是由内涵生发出来的。"另一方面，学校特色是办学历史的产物，而不能一蹴而就。"高校特色发展不是一种暂时、局部、突如其来的发展现象，时是在长期的健康的办学过程中，依据其办学传统和文化传承，在一以贯之的办学理念引领下，经过几代人的不懈努力逐步形成的，而且一旦形成即具有相对稳定性。"因此，高校特色类似于有生命的存在，它有着自身的生命成长规律，人们只有遵循它而不能任意地改变它，更不能急功近利地拔苗助长。

（2）找准合理的特色培育点。在精英高等教学模式的影响下，全体高校纷纷效仿一流综合大学，片面追求"大而全"的全面发展，其结果只能是在错误的方向上渐行渐远。近年来，不少地方高校在这一过程中尝到了苦头。当初投入教育资源盲目开设各类时髦却不符合实际的专业，结果，不出几年时间甚至还没有一届毕业生，这些专业就难以为继。这就给高等教学一个重要启示：高校办学要坚持有所为、有所不为。要"为"的是符合学校办学定位、能够促进学校特色发展的那些优势项目。尤其是对于那些新建木科院校、职业技术院校、民办高等院校而言，有特色，才能有发展。办学特色体现了学校的个性发展，这并不意味着与全面发展相矛盾，恰是对全面发展的有益补充。个性与全面本来就是一对相互依存的矛盾，没有无个性的全面发展，也没有片面的个性发展。办学特色给高校提供了发展的空间，所有的高校都可以找到适合自身历史传统、地域文化、资源条件的特色培育点。寻求特色培育点不能盲目跟风，只能从学校的历史传统和比较优势去寻根。只有准确地找到这些"根"，特色才能生长发育。

（3）打造浓郁的校园特色文化。当我们将特色发展作为高校的发展战略时，很容易倾向于从管理学的学科立场来审视这一问题，特色发展就容易演变为一个追求效率的管理过程。但是，学校特色是"长"出来的，而不是"管"出来的，更不是"买"回来的。既然特色要靠生长，那么，就离不开生长所依赖的环境，而这个"环境"主要就是指校园特色文化。作为一种发展战略，其重要使命是为学校的特色发展创造有利的发展环境，即打造浓郁的校园特色文化。校园特色文化的源头和灵魂在于学校的办学理念。"对于一所大学来说，其办学理念与使命（Vision & Misskm）就是它的灵魂，是其形成办学特色的基石。"学校应当从战略高度重视办学理念、大学精神和大学价值观的塑造，应从形象、管理、服务、制度等诸多层面做好顶层设计，构建起高校特色文化培育系统与长效机制。在浓郁的校园特色文化氛围中，师生员工自觉地服务于学校特色培育，通过学校的特色发展带动高等教学质量的真正提高。

（二）高等教学质量保障建设的一体化战略

一体化是组织发展的重要战略选择。在企业管理领域，一体化战略也称作"企业整合战略"，指"企业充分利用自己在产品、技术、市场上的优势，根据物质流动的方向，使企业不断地向所经营业务的深度和广度发展的一种战略"。根据"方向"的不同，一体化战略包括前向一体化、后向一体化和横向一体化，分别加强了与分销商、供应商和行业竞争对手的整合程度。企业一体化战略能够为高等教学质量保障建设提供有益的借鉴和提示。高等院校与行业企业、基础教育、其他高校之间同样需要密切配合。一体化并非一定要在组织机构层面实现合而为一，而是指不同组织之间的深度合作与相互支持。

1. 高等教学的前向一体化战略

前向一体化战略（Forward Integration Strategy），指获得对分销商或零售商的所有权或增加控制权。任何社会组织存在的合理性依据总是在于为特定的社会群体提供了特定的产品或服务，差别主要在于这种"产品或服务"是竞争性的还是垄断性的。企业服务就是典型竞争性的，政府服务就是典型垄断性的，教育服务则居于二者之间。在社会主义市场经济体制改革进程中，教育服务所具有的竞争性越来越明显。对于一个竞争性组织来讲，其提供的产品或服务能否满足、能够在多大程度上满足社会需求就是决定并生死成败的关键。作为竞争性的企业来讲，它不能只是生产，还要把握市场。离市场越近，就越是能够准确把握市场。因此，企往往通过采取前向一体化战略来加强对产品或服务的终端控制，从而提高产品质量。

现代高等教学已经走出了"象牙塔"，走到了社会中心。高等教学质量高与低的重要衡量标准在于其培养的人才能否适应社会需求。高校要想为社会提供高质量的教育服务，就必须关注社会的需求，而不能依循偏安于"象牙塔"的传统思维。假如用产业思维来类比，传统高校只需要关注产品的"生产加丁"，而不需要关注产品的"出口销售"；产品质量标准完全由自己把控，而不需要考虑市场究竟需要什么。这样的高校运作模式在精英高等教学阶段还具有较大的合理性和可行性，但是，到大众高等教学阶段，则是行不通的。高等教学的质量标准、生产过程、产品质量都需要向市场并接受市场的检验。当然，我们并不是主张高等教学要一味地满足市场的各种欲望。而是说，与传统高等教学相比，今日的高等教学要高度关注社会需求。无论是高校的人才培养、科学研究、社会服务还是文化传承创新都应该将市场需求作为提高教育质量的重要方向标，而不是关门办学、闭门造车。不管高等院校有多少理1+1坚持其学术的神圣性、纯洁性、高深性，如果其培养的人才、研究的成果、提供的服务不能被社会接受、更不能在社会中发挥积极作用，那么，很难将这样的高等教学认定为高质量的。况且，纯粹的学术研究与教学也应该具有社会维度，而不能只是一个小小的学术团体在那里"自娱自乐"。因此，高等教学质量保障建设应当秉持"为了社会、面向社会"的理念。

高等教学前向一体化战略要求高校加强高等教学资源与社会资源的整合力度，借社会之力来建设高等教学质量并最终回馈社会。具体来讲，就是要求高校坚持而向社会、服务地方、产学研结合的办学理念和模式。高等教学的发展必须适应社会和经济发展所提出的要求，产学研合作的本质是"为了加强高等教学的社会适应性，增强学生的实践能力和社会适应能力，促进学生素质的全面发展"。高校的中心工作是培养人才，而人才的最终去向主要是企业，产学研结合的基本途径是校企合作。加强校企合作，"是高校提高人才培养质量的需要"，"是校企共同发展的需要"，"是高校服务经济社会发展的需要"，"是高校适应经济全球化的需要"。《国家中长期教育改革与发展规划纲要（2010—2020》指出，要创立高校与行业、企业联合培养人才的新机制。高校人才培养质量的重要检验标准是毕业生能否在社会上找到合适的工作岗位并在岗位上做出成绩。要提高毕业生的职业适应能力，就需要高校与企业的深度合作。这种"深度合作"不只是高校就业部门与企业之间的合作，就业部门所能起到的作用主要是在毕业生与企业之间搭建"桥梁"，并不对教育质量本身产生重要影响。高等教学前向一体化战略要求高校与企业之间形成全面战略伙伴关系，企业全程参与高校人才培养过程，包括组建专业、招生、专业培养方案的制定与修订、教育质量评估、实践基地建设等。总之，高等教学质量保障建设不能局限于高等院校的"高墙"之内，而应往其"出口"方向上延伸，提高学校与社会尤其是企业的一体化程度。

2. 高等教学的后向一体化战略

后向一体化战略（Backward Integration Strategy），指获得对供应商的所有权或增加控制权。任何一个组织在为社会提供产品或服务的同时，总是会接受并消耗其他上游组织即供应商为其提供的资源支持，如原材料、资金、技术等。从价值链的角度来看，链条上的任何一个环节都可能会对组织的发展产生重要作用。就这些上游组织而言，主要会影响特定组织生产产品或提供服务的成本、正常的生产秩序乃至核心竞争力。从产品质量的角度来看，只有供应商的原材料质量得到保证，生产产品的质量才更有可能得到保障。因此，现代企业为了掌握经营主动权，往往将企业价值链的控制权向供应商延伸，从而构成了后向一体化战略。

高等教学后向一体化战略指加强高等教学资源与基础教育资源的整合力度，通过提高基础教育质量，以及加强基础教育与高等教学之间的衔接来提高高等教学质量。教育即人的培养过程，本身是一项系统工程，整体性、关联性、时序性等构成了教育系统的基本特征。在这个系统工程中，基础教育是个动态的概念，基础教育与高等教学之间的划分是人为的，也是相对的。"中学教育与大学教育本来就是一个完整的教育体系，有着许多共同的原理、思想和观念。但由于教育对象的年龄差异和成长阶段不同，所以才有不同的培养目标、不同的办学思想及培养模式。"从系统论观点来看，基础教育与高等教学共处于教育系统之中，并且构成了前后相接的连续性过程。基础教育与高等教学之间的衔接问题源自于人的发展的连续性与教育体制的阶段性网者之间的矛盾。基础教育毕业生的质量是高等教学质量的前提和基础，当我们在考虑高等教学质量保障建设时，不得不联系到基础教育。因此，高等教学后向一体化战略要求高校与中学合作，共同致力于人才培养质量的提高。

高等教学后向一体化的核心就是通过大学与中学的合作，实现中学与大学之间的有效衔接，用高质量的中学教育来保障高质量的高等教学。在国际上，中学与大学的衔接问题也受到广泛关注。1956年，美国的大学委员会为一些成绩优秀的高中生设立高级水平的课程项目，称之为"进阶先修课程"。1968年，国际文凭项目组织为全世界优秀中学生统一设计了2年制的大学先修课程项目，即"国际大学预科证书课程"。20世纪70年代，美国又出现了一种新型的课程模式——双学分课程，指高中生可以在高中，也可以在大学或社区技术学院里修习大学教学大纲所要求的课程，如果完成课程学业并通过考试，将同时获得高中和大学课程的学分，并在进入大学后免修相关课程。不同于AP课程和IB课程以追求卓越为唯一的课程取向，DE课程在教育对象上开始关注弱势群体，关注每位学生的个性发展。

就中国来看，高等教学后向一体化的主要表现形式有两种：一是高校自主招生。高校为了争取更多的优秀生源，主动将招生行为向中学延伸，而不像以前那样等着学生和家长找上门。同时，高校自主招生注重对考生的过程评价和质性评价，从而对中学教育发挥着有力的引导作用。尽管自主招生只是浅表层次的后向一体化，它关注的焦点是选拔而不是培养，但也是后向一体化的一种表现形式。二是中国先修课程项目（Chinese Advanced Placement，CAP）的启动。2014年3月18日下午，中国大学先修课程（CAP）试点项目启动暨战略合作签字仪式在高等教育出版社会议室隆重举行，中国教育学会与高等教育出版社正式签署中国大学先修课程（CAP）项目战略合作协议书，标志着CAP试点项目正式启动。

3. 高等教学的横向一体化战略

横向一体化战略（Horizontal Integration Strategy），指获得对行业竞争对手的所有权或增加控制权。竞争是市场的木质特征之一，市场化程度越高，竞争就越激烈。一方面，竞争使特定组织倾向于设法将竞争对手逐出市场，以实现优胜劣汰；另一方面，只要市场有需求、有利润，竞争对手总是会存在的，特定组织除了与竞争对手竞争以外还可以通过与其合作来求得双赢。这种与竞争对于合作双赢的经营思路即是横向一体化战略，其实质是"资本在同产业或部门内的集中，目的是实现扩大规模、降低产品成本、巩同市场地位"。企业横向一体化战略的实现形式主要有契约式联合和整体性合并。

高等教学横向一体化指通过不同高等教学类型、机构之间的深度合作来提高高等教学质量的发展战略。高等教学质量的核心内涵是高等教学服务的特性能够满足利益相关者（尤其是学习者）需求的程度。在一个复杂的高等教学体系中，学习者被分配到不同的高等教学机构中，既有普通高等教学，也有职业高等教学、成人高等教学。即使是在普通高等教学体系中，也有重点木科高等教学、普通木科高等教学和普通专科高等教学之分。有学者通过高校在校生抽样调查数据对不同类型高等教学机会分配效果进行实证研究发现，"我国不回质量高等教学机会的分配与学生家庭社会经济背景和父母的社会阶层之间存在显著关联"。如果仅仅因为一次高考就剥夺了学习者接受高水平高等教学的权利，那么，这样的高等教学体系是不公平的。如果学习者感到他所接受的高等教学是不公平的，那么，这样的高等教学很难说是高质量的。因此，应当在不同类型的高等教学之间、不同的高等教学机构之间建立有效的衔接沟通机制，给学习者提供充分地寻求自己满意的高等教学机会的权利。

在经历了世纪之交的院校调整、合并、升格之后，高等教学横向一体化战略的具体实现形式主要是通过完善普通高等教学、职业高等教学和成人高等教学之间的沟通衔接机制以实现契约式联合。在目前我国的教育体系中，高考之后中学毕业生主要有三种接受高等教学的途径：普通教育、职业教育、成人教育，彼此之间泾渭分明的界线制约了高等教学质量的提升。从职业教育与普通教育来看，加强两者之间的沟通与衔接成为世界发达同家高等教育改革的重要趋势。在美国，以实施高等职业教育为主的社区学院与叫年制本科大学（学院）在学制上紧密衔接是社区学院实现为学生提供普通高等教学服务的制度保证。"在社区学院和大学签订有校际间、全州范围内的协议，保证其毕业生顺利转学，大学承认社区学院学生所修课程和学分，经过申请，学生可直接进入大学三年级继续学习，攻读学士学位。"在澳大利亚，高等教学体系主要山大学普通教育和职业教育组成。从 20 世纪 90 年代早期开始，出于提高教育效率和体现公平等原因的考虑，澳大利亚努力促进高职教育与大学教育间的学生转向，特别是高职教育向大学教育的转向。学生转向（Student Transfer 或 Student Mobile）是指"某学生经历了一种教育形式后又转向另一种教育形式的过程，或者是在两种教育形式中，先注册学习一种教育形式中的某一课程，而后又注册学习了另一教育形式中某一课程的行为"。有国内学者主张，将地方应用型本科转型为高职本科，从而实现高职专科与高职本科的衔接。"高职专科与应用型本科衔接，逐渐将地方应用型本科转型为高职本科，不仅可以推进高等教学结构改革与高职教育层次拓展，而且能满足社会经济转型的现实需要。"除了职业教育与普通教育的一体化之外，还有成人教育与职业教育、成人教育与普通教育之间的一体化。只有将不同类型的高等教学统筹规划、相互沟通衔接，才能在更大程度上提高高等教学质量。

（三）高等教学质量保障建设的国际化战略

在全球化时代，不但经济发展需要国际化战略，教育发展也需要国际化战略。在这样的时代，高等教学的质量建设不能仅仅局限于某个地区、某个国家，而要有国际化的战略思维，在全球范围内寻求高等教学质量保障建设所需要的各种人才资源、信息资源、经济资源、管理资源等。要提高中国高等教学质量，不仅需要一批世界一流高校的局部高质量，更需要面临全体高校的整体高质量。所办的高校都应当坚持国际化战略，这既是西方主要发达国家高等教学改革与发展经验带给我们的启示，也是中国高等教学发展的现实要求。

1. 高等教学国际化战略的内涵

立足于世界经济全球化的时代背景，国际化战略在企业经营领域具有广泛的应用。企业国际化战略指"从事国际化经营的企业（国际企业）通过系统地评估自身的经济资源以及经营使命，确定一个较长时期内企业的主要任务和目标，并根据变动的国际环境拟订必要的行动方针，为求得企业在国际环境中长期的生存和发展所做的长远的总体的谋划"。不只是经济的全球化，社会的各个行业、各个领域都面临着全球化的基本趋势，这自然包括教育。尤其是在中国加入世界贸易组织之后，教育领域逐步开放，教育服务日益成为重要的交易产品，这又集中体现在高等教学领域。"20世纪90年代以来世界范围内兴起的新一轮高等教学国际化的浪潮是历史的必然，也是一次深刻的变革和长期艰巨的任务。"高等教学国际化成为近20年来的热点问题，对中国高等教学发展具有重要的现实意义。"从微观意义上来讲，高等教学国际化能够促使高校学生成长为适应经济全球化发展趋势、具有国际视野的高素质人才，推动高校建立起一个拥有多种语言，多元文化，多个种族的人文和学术生态环境；从宏观意义上来讲，高等教学国际化有助于缩小我国高等教学与发达国家发展水平的差距，全面提升整个高校的'软实力'和竞争力"。

何谓高等教学国际化？联合国教科文组织国际大会联合会曾做出过这样的界定："高等教学国际化是把跨国际和跨文化的观点和氛围与大学的教育工作、科研工作和社会服务等主要功能相结合的过程，而且是一个包罗万象的变化过程，既有学校内部的变化，又有学校外部的变化，既有上而下的，有自下而上的，还有学校自身的政策导向"。由顾明远教授主编的《教育大辞典》中对高等教学国际化的解释："各国高等教学在面向国内的基础上日益注意而向肚界的发展趋势。主要表现：（1）高等教学的发展既适应本国的需要，又注意适应世界形势发展的需要，既保持发扬本国的传统与特色，又注意吸收国际高等教学的经验；（2）而向世界培养人才，使之具备从广阔的国际视角和全人类的视角处理事务的知识和能力；（3）加强外语教学，开设省关国际重大共同件问题的课程，设置研究区域性国际问题的系科，注意培养从事国际事务和国际问题研究的专门人才；（4）进行广泛的人员国际交流，并派遣、支持本国教师和学生出国留学、进修、进学、研究，或接受、邀请外国教师和学生从事此类学术活动；（5）积极进行教育和学术的跨国合作，如联合培养学生、合作研究问题、互相提供资源、信息、设施条件等，是社会、经济、科学、技术发展的需要与必然结果，有利于各国利用同外资源，促进本国高等教学发展"。有学者提出，高等教学国际化主要指三个层次的内容："高等教学认识—信念系统"、"结构—功能系统"、"规范—运动系统"。也有学者提出，高等教学国际化指"为了服务于知识文化和政治经济等多个目的，高等学校在知识普遍性的内在动力和政治经济文化的外在动力的推动下，其内部国际性特质通过各要素的活动体现出来的过程"。还有学者认为，高等教学国际化是"把跨国界、跨文化和/或全球化的视野与高等教学的目标、主要功能（教学、科研和社会服务）和传送相结合的过程"。从这些界定可以看出，高等教学国际化是一个从思想理念、教学过程到组织管理等多层面、多维度与国际高等教学整体性接轨的过程。

总之，高等教学国际化战略就是指运用战略思维来整体性地推动高等教学国际化进程。通过提高国际化水平来提高质量是高等教学国际化战略的根本目标，提高国际化水平是高等教学全面地与国际接轨，而不是某一方而向国外学习、从国外引进或向国外传播。

2. 西方高等教学的国际化战略

国际化战略是全球化时代世界各国高等教学普遍采用的一种发展战略，并且西方主要发达国家在高等教学国际化方面走在前列。他们的成功实践能够为发展中国家的高等教学改革带来也益的启示。

国际化是美国高等教学的重要发展战略。曾满超等学者认为，"美国的高等教学有近一个世纪的国际化经验"。早在 20 世纪 20、30 年代，学者们就开始讨论"漫游学者"（Wandering Scholars）这样的概念，人员和观念开始跨国流动。据莫科斯（Me Hcx，G.）考证，美国高等教学共经历了三次国际化浪潮。第一次浪潮是在第二次世界大战前，第二次发生于 20 世纪 70 年代，第三次即当今的浪潮则是美国对国际化、科技发展的一种回应。作为阵界高等教学强国，美国高等教学的国际化程度在边界范围内都是高水平的。一方面，美国高等教学吸引了大量的国外留学生。据国际教育学会（Institute of International Education）2009 年发布的有关国际教育交流事务的报告，美国新入学国际学生的人数从 2004 年至 2009 年增长了 51.90%，2008 至 2009 学年在美国高等院校就读的外国学生人数增加了 8%，达到 671616 人，创历史最高水平。这充分说明，美国高等教学在经历"9·11"之后，对于外国学生的吸引力又逐步有所提高。另一方面，在进入 21 世纪之后，大量的美国学生到同外留学。据 2009 年《门户开放报告》的调查统计，到国外学习的美国学生人数在 2007 至 2008 学年增长了 8.50%，在 2009 年达到了创纪录的 262416 人。在美国高等教学国际化进程中，政府政策始终扮演着重要的角色。政府介入高等教学国际化进程的典型事件是 1946 年美国国会通过"富布莱特法案"（Fulbright Act），创建了"富布莱特项目"（Fulbright Program）。该项目充分支持美国学生和学者到同外留学、游学和研究，促进国际教育交流。回时，美国政府还启动富布莱特交换项目，设立奖学金，支持外国学生到美国大学深造或从事研究。1958 年，《国防教育法》第 3 章和第 6 章也提出了有关高等教学国际化的内容。2000 年 4 月 19 日，克林顿总统签署了《美国国际教育政策执行备忘录》，非常明确地阐述了教育国际化的目标：为了继续在全球经济的竞争中取得成功和保持我们的世界领袖地位，美国必须确保其公正对世界有广泛的了解，精通外语和其他文化知识。高等教学国际化上升为同家战略。"9·11"事件之后，美国高等教学国际化面临危机，留学生人数逐年下降。在这种形势下，2007 年 8 月，美国政府出台《美国竞争力计划》，提出要为世界各地最顶尖的学生、科学家和工程师提供最好的环境，让美国成为世界上从事学习和研究最具吸引力的地方。

欧洲是中世纪大学的发源地，其高等教学具有非常高的国际化水平。博洛尼业进程是 29 个欧洲同家于 1999 年提出的欧洲高等教会改革计划，该计划的目标是整合欧盟的高等教学资源，打通教育体制，争取在 2010 年前建立一个欧洲高等教学自由区。在该区域内，学生可以在一个公开、广阔的范围内自由选择高质量的课程，也可以享受到流畅的学历认证程序。博洛尼亚进程是区域高等教学一体化的标志，也是欧洲高等教学国际化水平显著提高的标志。以英国为例，英国作为博洛尼亚进程的主要参与者，其在博洛尼亚进程的引导下，积极参与和欧盟各国的高等教学交流与合作，国际化水平著提高。在英国高等教学发展过程中，英国政府提出的《罗宾斯报告》、《迪尔英报告》以及 2003 年《高等教学 A 皮书》对英国高等教学国际化产生了重要的影响。2006 年 4 月，时任英国首相布莱尔（Tony Blair）曾明确指出，为了能够凸显各个阶段教育的国际化趋势，对国际学生市场必须颁布新的招生计划，以推动国家高等教学国际化进程。2007 年，时任首相布朗（Gordon Brown）对高等教学管理部门进行了调整，组建了旨在推动高等教学国际化的核心部门。2009 年，英国政府发表《绿皮书》提出，要使英国大学保持世界一流水平，尚要加强同世界 K 他大学的联系，吸引国外优秀留学生、学者和管理者，以便保持同家竞争力和在国际上的教育领先地位。2008-2009 年，英国高校录取了 24.80 万名国际学生（该数字不包括欧盟国家的学生），同年录取的欧盟学生也达到了 12.10 万人。在最受国际学生欢迎的前 10 所大学中，国际学生的比例都高达 23% 以上，其中，伦敦政治经济学院的国际学生比例达到了 68%。在英国的大学教师中，大约有 20% 是外籍人士。2005—2006 年，英国所聘任的大学教师中有 27% 来自外国。在生津大学的教师和研究人员中，外籍人士的比例高达 40%。仅在 2008 年，英国的教育产业达到了 1180 亿英镑的产值，占 GDP 的 6.30%。2007—2008 年，英国高校为英国经济贡献了 590 亿英镑，较 4 年前增长了 25%。

除了美国和英国这样的老牌高等教学强国以外，其他新兴同家也在大力推进本国高等教学的国际化战略，如新加坡。1991 年，新加坡政府制定了跨国际战略——《新的起点》，该战略将优先发展国际服务业作为国家经济发展中心的决策极具前瞻性。政府寄希望于通过整合国际化的教育资源和人力资源，吸引全球各个国家的留学生来新加坡学习。新加坡政府为了使本同成为东南亚乃至整个亚太地区的高等教学中心，提出了高校在校留学生比例达到20%的硬性要求。

由此可见，在全球化时代，国际化战略是世界各国高等教学普遍采用的发展战略。当今中国拥有世界上最庞大的高等教学体系，其质量建设的理念和思路当然要紧跟这一时代发展趋势，不断提高高等教学国际化水平。

3. 中国高等教学的国际化战略

国际化战略是世界经济社会全球化、一体化趋势对中国高等教学的现实要求。国际化战略要求从理念、管理、技术等多维度上，融入世界高等教学体系，能够与别国高等教学体系展开平等地对话与交流。国际化战略不似从国际范围内获取国家高等教学发展的各类资源，也要将我国高等教学的精华尤其是传统文化与世界分享。高等教学国际化战略的实质就是在"引进来"的同时"走出去"，在国际交流的双向互动过程中，实现"双赢"或"多赢"。"坚持本土化与国际化的辩证统一，将事物发展的普遍规律与不同闽家的基本国情结合起来，建设有不同国家本土特色的发展模式，并在这个基础上逐步实现国际化，是当今人类社会发展、改革的共同道路在高等教学国际化进程中，本土化与国际化是一对核心矛盾，既不能崇洋媚外，也不能故步自封。

就中国而言，高等教学国际化已经成为迫切的现实要求。《国家中长期教育改革和发展规划纲要（2010—2020年）》要求扩大教育开放，引进优质教育资源，加强国际交流与合作，提高我国教育国际化水平。借鉴国际上先进的教育理念和教育经验，促进我国教育改革发展，提升我国教育的国际地位、影响力和竞争力，适应国家经济社会对外开放的要求，培养大批具有国际视野、通晓国际规则、能够参与国际事务和国际竞争的国际化人才。《教育部关于全面提高高等教学质量的若干意见》（教高[2012]4号，即"高教三十条"）要求：提升国际交流与合作水平。支持中外高校间学生互换、学分互认、学位互授联授。继续实施公派研究生出国留学项目。探索建立高校学生海外志愿服务机制。推动高校制定木科生和研究生中具有海外学习经历学生比例的阶段性目标。全面实施留学中的计划，不断提高来华留学教育质量，进一步扩大外国留学生规模，使我国成为亚洲最大的留学目的地国。以实施海外名师项目和学科创新引智计划等为牵引，引进一批国际公认的高水平专家学者和闭队。在部分高校开展聘请外籍人员担任"学术院系主任"、"学术校长"试点。推动高校结合实际提出聘用外籍教师比例的增长性目标。做好高校领导和骨干教师海外培训工作。支持高职学校开展跨国技术培训。支持高校境外办学。支持高校办好若十所示范性中外合作办学机构，实施一批中外合作办学项目。

顾明远和薛理银在《比较教育导论——教育与国家发展》一书中从人员要素、财物要素、信息要素和结构要素等四个维度对高等教学国际化的表现形式进行了分析和阐述。他们认为，人员要素的国际化指的是各类教育主体在国际范围内的流动；财物要素的国际化主要包括教育经费的来源与分配的国际化；信息要素的国际化包括教育观念、教育目标、课程内容以及教育知识等的国际化；结构要素的国际化指构建适当的教育制度与结构，包括课程学习的学分制度、外国问题研究机构和国际合作与交流机构等。借鉴这一分析框架，我们认为，实施高等教学国际化战略应当加强与国外高等院校在合作办学、学习者交流、教育者交流、文化交流等方面的协作与沟通。

其一，合作办学。根据 2003 年《中华人民共和国中外合作办学条例》的规定，中外合作办学指外国教育机构回中国教育机构在中国境内合作举办以中国公民为主要招生对象的教育机构。合作办学是"引进来"的重要措施，不仅能够让更多的中国学习者不同国门就可以接受国外高等教学，也能够让中国高校管理者和教师更便利地学习国外高校的办学理念、教育模式和管理方式等。中外合作办学的形式有中外合作办学机构如西交利物浦大学、宁波诺丁汉大学等高校，还有中外合作办学项目如北京工业大学与美国新泽西理工大学工程管理理学硕士、北京大学与香港理工大学合作举办中国社会工作文学硕士学位教育项目。根据教育部 2013 年 9 月 5 日新闻发布会的信息：由教育部审批和复核通过的中外合作办学机构和项目 930 个，由省级人民政府和教育行政部门审批并报教育部备案的中外合作办学机构和项目 1049 个，全国中外合作办学机构和项目共计 1979 个。从办学层次来看，除义务教育和军事、警察、政治、宗教外，涉及其他各个办学层次；从办学规模来看，据不完全统计，目前各级各类中外合作办学在校生总数约 55 万人，其中高等教学阶段在校生约 45 万人，占全日制高等学校在校生规模的 1.40%。高等教学阶段中外合作办学毕业生超过 150 万人。

其二，学习者交流。学习者交流意味着提供平台让学习者能够在国际范围内寻求高等教学机会，包括出国留学和来华留学，可以是 1 年以上的长期留学，也可以是 1 年以内的短期访学。学习者交流是一国高等教学国际化水平的显著标志之一。新加坡政府为了提高高等教学国际化水平，提出了高校在校留学生比例达到 20% 的硬性要求，计划在 2015 年吸引到 15 万名国际学生。新加坡在吸引国外留学生的同时，还积极鼓励"走出去"。如南洋理工大学规定所有本国的本科生必须在国外学习交流至少一个学期，通过国际学生交流计划、全球教育计划、海外实习计划等项目将学生送到美国、欧洲、中国等地学习和生活。中国在实施高等教学国际化战略过程中，学习者出国留学也是重要内容之一。据统计，从 1978 年到 2008 年底，各类出国留学人员总数达 139.15 万人，留学生同人员总数达 38.91 万人。2008 年度各类出国留学人员总数为 17.% 万人，其中：国家公派 1.14 万人，单位公派 0.68 万人，自费留学 16.16 万人。2008 年度各类留学回国人员总数为 6.93 万人，其中，国家公派 0.75 万人，单位公派 0.50 万人，自费留学 5.68 万人。与此同时，来华留学人员逐年增长。根据教育部的统计资料，2005 年，在中国学习的留学生 78323 人；2012 年，增长到 157845 人。

其三，教育者和管理者交流。教育者交流就是在全世界范围内配置高校所需要的教育者资源，此乃一国高等教学国际化水平的又一显著标志。聘请国外知名专家学者到高校工作是新加坡高等教学国际化的重要经验。新加坡国立大学、南洋理工大学和新加坡管理大学外籍教师的比例均超过了 50%。不似国际教师所占比例较大，而且教师的学术地位较高。以 2005 年 7 月成立的南洋理工大学高等研究所为例，该研究所的国际顾问团成员中有 11 位诺贝尔奖得主和一位菲尔兹奖（有数学界的诺贝尔奖之称）得主。新加坡在教师队伍国际化的同时，管理者队伍国际化水平也显著提高。南洋理工大学的现任校长安博迪教授（Bertil Aridersson）是南大和新加坡政府面向全球公开招募所聘请的，安博迪教授是欧洲科学公开论坛咨询委员会成员、瑞典皇家科学院院士、澳大利亚科学院院士和欧洲科学院院士，其国际化的视野、思维方式和管理经验，以及融合了两方和新加坡国情的管理实践，使南大在短期内取得了长足的发展，在国际大学排名中跃升。新加坡高等教学国际化战略的这些举措能够给我国高等教学国际化之路提供诸多有益的提示。一方而，应当加大力度引进一批世界知名的学科领域专家尤其是高等教学管理专家。高等教学应当如何办？这本身是一个专业问题而不能基于常识的理解，中国高等教学的发展需要一批真正懂得高等教学的专家来当校长。另一方面，应当鼓励更多的高校教师和管理者到国外学习和进修。

其四，文化交流。教育本身是一种文化现象，是文化的传承与创新过程。高等教学国际化可以理解成本土文化与国际文化的交流、碰撞与融合过程。由于"文化"这一概念内涵的模糊性和包容性，文化交流也是一个涵盖面非常广泛的概念。概括地讲，高等教学国际化战略中的文化主要有传统文化交流、学术文化交流和教育文化交流。《教育部关于全面提高高等教学质量的若干意见》（教高 [2012]4 号，即"高教三十条"）要求：推进文化传承创新。传承弘扬中华优秀传统文化，吸收借鉴世界优秀文明成果。稳步推进孔子学院建设，促进国际汉语教育科学发展。推进海外中国学研究，鼓励高校合作建立海外中国学术研究中心。实施当代中国学术精品译丛、中华文化经典外文汇释汇校项目，建设一批国际知名的外文学术期刊、国际性研究数据库和外文学术网站。孔子学院是中国国家对外汉语教学领导小组办公室在世界各地设立的推广汉语和传播中国文化与国学的教育和文化交流机构。截至 2013 年 9 月，全球已建立 435 所孔子学院和 644 个孔子课堂，分布在 117 个国家（地区），成为汉语教学推广与中国文化传播的全球品牌和平台。《孔子学院规划 2012—2020》明确指出孔子学院未来的发展目标：到 2015 年，全球孔子学院达到 500 所，中小学孔子课堂达到 1000 个，学员达到 150 万人。

综上所述，无论是英美等西方发达国家，还是诸如新加坡一类的新兴国家，国际化战略是促进高等教学发展、提高高等教学质量的重要路径。在全球化时代，中国高等教学应当主动"引进来"和"走出去"，运用国际化的战略思维，在全球范围内优化高等教学资源配置、寻求高等教学发展机会、建设高质量的高等教学。

三、高等教学质量保障建设的协同创新战略

创新就是运用新的理论、观念、技术、方法等，对学习、生活、下作中遇到的问题，

提出具有创造性的问题解决方案，并运用于实践以实现方案价值的过程。在建设创新型网家的时代背景下，高等教学肩负着构建国家创新体系的历史使命。"2011 计划"进一步明确了高等院校在国家协同创新体系中的核心地位。实施协同创新战略、建设协同创新中心是高等院校可持续发展的现实要求。

（一）创新与创新型国家发展战略

"创新"所对应的英文为Innovate（动词）或Innovation（名词）。在英语，Innovate的解释一般为："make changes；introduce new things"，即"引起变化、引入新事物"。美国经济学家熊彼特（Joseph Alois Schumpeter）在1912 年出版的《经济发展理论》一书中给"创新"下的定义，创新是"对现存生产要素组合进行'创造性破坏'，并在此基础上'实现了新组合'"，包括产品、技术、市场、资源和管理五个方面。当前，"创新"这一概念在社会各个领域中都有着广泛的应用。经常与"创新"联系在一起的另一概念是"创造"，此二者往往通用。在《辞海》中，"创造"一词被解释为"首创前所未有的事物"。在《现代汉语词典》里，"创造"被解释为"想出新方法、建立新理论、做出新的成绩或东西。"

对"创新"与"创造"这两个概念的认识，存在一定的分歧。有的学者主张二者等同，创新就是创造，创造就是创新，只是说法不同而已。我们认为，在日常生活的使用中，如此不作为或许还无关紧要，但在强调二者的联系时还应该看到二者的区别。还有学者则认为，"创造"优于"创新"，应当采用"创造"这一提法。其理由是："创造必是新的，新的不一定是创造。仅仅是新却并无意义或价值，不能算创造。创新是新的，如果无意义，就不能符创造；如果有意义，这种创新就有资格称之为创造了。由此看来，创造一词的内涵自然比创新一词更丰富，更贴切。"此种立场的实质，是认为"创造"有"新"和"价值"两层含义，而"创新"只有"新"之义，故而主张用"创造"而舍"创新"。值得反问的是为何可以给"创造"赋予"价值"的含义，而不能给"创新"赋予"价值"的含义？有学者就主张，"将价值作为创新的判据，对任何旨在创新的行动都具有指导意义"，进时将创新定义为，"个人、集体或人类而对特定问题情境出现不确定性、不连续性和阻断后，经过知识创造，或知识传播，或知识应用，实现在思想、技术、组织、行动、产品等方面的突破和超越，满足特定群体需要的创价行动"。我们认为，"创造"优于"创新"的主张是站不住脚的，至少其理由是值得商榷的，创新同样具有价值的含义，没有价值的创新不是真正的创新。在一定意义上讲，创造只是提供了价值的可能性，而创新则是要在行动上去实现价值，创新的内涵比创造更丰富。创新就是运用新的理论、观念、技术、方法等对学习、生活、工作中遇到的问题，提出具有创造性的问题解决方案，并运用于实践以实现方案价值的过程。

中国经济社会发展方式的转型升级迫切地要求提高国家自主创新能力。在 1995 年全国科学技术大会上，江泽民同志论述道："创新是一个民族的灵魂，是一个国家兴旺发达的不竭动力。如果自主创新能力上不去，一味靠技术引进，就永远难以摆脱技术落后的局面。一个没有创新能力的民族，难以屹立于世界先进民族之林"。2005 年，时任国务院总理温家宝同志在看望钱学森先生的时候，钱老深情地问："为什么我们的学校总是培养不出杰出人才？"这里的"杰出人才"无疑是具有非凡创造力的创新型人才。经过改革开放三十多年以后，中国经济社会发展的诸多领域堪称"世界大国"但称不上"世界强国"，其根本原因在于创新能力不足。基于这样的背景，国家决策层提出了建设创新型国家的发展战略。2006 年，《国家中长期科学和技术发展规划纲要（2006—2020 年）》提出，要"把提高自主创新能力作为调整经济结构、转变增长方式、提高国家竞争力的中心环节，把建设创新型国家作为面向未来的重大战略选择"。2007 年，党的十七大报告提出"自主创新能力显著提高，科技进步对经济增长的贡献率大幅上升，进入创新型同家行列"的奋斗目标。2012 年，党的十八大报告再次强调，全面建成小康社会和全面深化改革开放，要求"科技进步对经济增长的贡献率大幅上升，进入创新型国家行列"。2013 年，《中共中央关于全面深化改革若干重大问题的决定》再次明确"加快建设创新型国家"的发展目标。由此可见，建设创新型国家是中国由"世界大国"向"世界强国"迈进的必由之路，是党和政府在新的时代条件下做出的重大战略选择。

（二）协同创新与国家创新体系建设

何谓协同创新（Collaborative Innovation）？有学者认为，协同创新是指"各组织行为主体或资源主体基于共同目标，通过复杂的非线性相互作州，进行深层互动、互补、互助、互融创造新生事物的过程和活动"，"相同或相似的单元之间通过合作，产生相互作用关系和共振放大效益，形成高效有序的创新机制"；也由学者指出，"协同创新是集体知识创价行动"，"协同创新政策的目的就是引导高校与不同部门有效合作，通过能力提升，支撑国家创新体系建设"；还有学者主张，"协同创新不是某行业、某战线的单独式的创新，而是全方位的系统工程。而且，协同创新也不是资源、要素的简单叠加或整合，而是这些资源和要素在整体发展运行过程中的灵活协调与有机合作。从这个角度看，协同创新实质是一种管理创新，或者说是一种资源的有效互动和优化利用"。从这些界定可以看出，协同创新包含协同与创新两个方面，创新是目的，协同是途径，即通过不同社会机构之间的相互协同来实现创新之目的。

创新型同家发展战略的根本目标是提高国家自主创新能力，基本途径是建设国家创新体系（National Innovation System，NIS）。Lundvall BentAke 教授在 1985 年最早提出NIS 概念，1987 年 Freeman Christopher 教授对这一概念予以详细描述。国内学者郑小平在《国家创新体系研究综述》一文中对国内外有关 NIS 的经典定义进行了归纳，如表 6-2所示。

表 6-2　有关 NIS 经典定义举要

NIS 定义提出者及年份	NIS 定义的具体内容
Nelson RichardR，1987	国家创新体系是由大学、企业等有关机构形成的复合体制，制度设计的任务是在技术的私有和公有两方面建立一种适当的平衡
Rreeman Christopher，1992	提出广义和狭义两种不同理解。从广义上说，国家创新体系包括国家经济中所设计的引入和扩散，新产品，以及与此有关的过程和系统的所有结构；从狭义上说，国家创新系统仅包括与科学技术活动直接相关的机构
LundvallBentAke，1992	国家创新体系是由一些要素及其相互联系作用构成的复合体，这些要素在生产、扩散和使用新的、经济上有用的知识的过程中相互作用，形成一个网络系统
Scott Metcalfe，1995	NIS 就是一个以国家为单位的创新系统，中一群在新兴科技的发展上互相有关联的机构组织所组成，从事有关知识的创造、储存、应用与转移
OECD，1997	NIS 是由参加新技术发展和扩散的企业、大学和研究机构组成，是一个为创造、储备和转让知识、技能和新产品的相互作用的网络系统
路甬祥，1998	NIS 是指由科研机构、大学、企业及政府等组成的网络，它能够更加有效地提升创新能力和创新效率，使得科学技术与社会经济融为一体，协调发展

　　尽管上述定义在表述方面各有不同，但是，均认可国家创新体系是一个整体性的综合体系，它需要研究机构、高等院校、企业、政府等各类社会机构的共同参与、协同配合。也就是说，国家创新体系覆盖全社会、各领域、各行业的综合型创新体系，它需要各类社会机构中的人员共同参与、积极创新，从而在整体上提高国家自主创新能力。创新不仅需要创造发明所提供的价值可能性，更需要考虑价值实现的可行性。创新不单单是科学家、研究人员的事情，它还需要研究、开发、产业、政策等诸多环节的协调配合。这就搭建起了协同创新与国家创新体系之间的关系。国家创新体系的建立需要社会各个部门之间的协同，即协同创新。

（三）协同创新与高等教学质量保障建设

　　高等教学是建设创新型国家、构建国家创新体系的主力军，高等院校应当积极主动地构建协同创新平台、完善协同创新机制。这是国家和社会发展的要求，也是高等教学自身可持续发展的要求。2011 年，胡锦涛同志在庆祝清华大学建校 100 周年大会上，首次对我国高校明确提出了"协同创新"的要求。他要求高等学校在已有创新方式的基础上"积极推动协同创新"。2012 年 3 月，教育部和财政部联合颁布了《关于实施高等学校创新能力提升计划的意见》（即"2011 计划"），明确阐述了实施"2011 计划"，是落实胡锦涛总书记清平大学百年校庆重要讲话精神的重大举措，是加快创新型国家建设的重要支撑，是推动我国教育与科技、经济、文化紧密结合的战略行动；基本原则之一是创新引领。

以机制体制改革引领协同创新，以协同创新引领高等学校创新能力的全面提升，推动高等教学的科学发展，加快世界一流大学和高水平大学建设步伐，促进国家自主创新、科技进步和文化繁荣；重点任务之一是构建协同创新平台与模式，充分利用高等学校已有的基础，汇聚社会多方资源，大力推进高等学校与高等学校、科研院所、行业企业、地方政府以及国际社会的深度融合，探索建立适应于不同需求、形式多样的协同创新模式；重点任务之二是建立协同创新机制与体制，坚持政府主导与市场机制相结合，突破制约高等学校创新能力提升的内部机制障碍，打破高等学校与其他创新主体间的体制壁垒。2012年9月，中共中央、国务院印发了《关于深化科技体制改革加快国家创新体系建设的意见》，其中要求：充分发挥高等学校的基础和生力军作用，落实和扩大高等学校办学自主权。以学科建设和协同创新为重点，提升高等学校创新能力。支持和鼓励各创新主体根据自身特色和优势，探索多种形式的协同创新模式。由此可见，协同创新已经成为构建国家创新体系、提升同家自主创新能力、建设创新型国家的重要途径。

协同创新是以知识的创造、传播以及价值实现为核心的集体行动。当高等教学走到社会中心以后，它无疑会在国家的协同创新体系中发挥重要作用。高等教学承担着人才培养、科学研究、社会服务、文化传承创新叫大功能，这些功能的实现都是以知识为核心的，"高等教学机构是协同创新的核心主体"。在高等教学与社会的紧密互动关系中，高等教学必然要对国家和社会的需求做出回应。在今日之中国社会，创新成为重要的发展主题之一，其必然会成为衡量高等教学质量的重要指标。在国家提出协同创新的总体思路之后，高等院校应当思考的问题是，如何在国家协同创新体系建设方面有所作为。因此，在高等教学质量保障建设过程中，高等院校应当坚持协同创新发展战略，在与各种社会创新主体的深度合作中、在服务于社会发展的同时不断提高高等教育质量。

协同创新发展战略指高等院校内部机构之间、与其他社会机构之间，通过相互协同来实现人才培养、科学研究、社会服务、文化传承等领域创新的发展战略。这要求高校要有充分的开放性，要在与科研院校、行业企业、民间团体等各种社会机构的全方而协同配合中实现高等教学质量的提升，以及更好地服务于社会发展。将协同创新等同于科研合作的理解是狭隘的，协同创新可以体现在高等教育教学过程中的任何一个方面，包括人才培养、科学研究、社会服务、内部管理等。实际上，质量这一概念的内涵本身就是非常丰富的，是全方位的。一般来说，高等教学质量的核心是人才培养质量。应当说，中国经济社会发展有足够的人，也有足够的"人才"，所缺乏的是"杰出人才"，而杰出人才必定是具有非凡创新能力的人才。创新人才的培养离不开创新实践，以前我们往往将课堂教学作为提高人才培养的主要渠道甚至是唯一渠道，这是不利于创新人才培养的。"如果单纯将高等教学质量等同于教学质量，以为人才培养质量就是教学质量，教学质量就是课堂讲课、学生上课、考试考核等，那是对大学人才培养的一种狭隘理解。科学研究、学校的学术氛围、大师们的言传身教，都是人才培养的重要环境与氛围。"协同创新也不是一般意义上的科研合作，科学研究是一种创造，本身可能会具有非常大的潜在价值。位是，科学研究成果的学术价值需要通过成果转化来实现其经济价值、社会价值，如此才能实现价值最大化。因此，协同创新发展战略要求高校的科学研究向科研领域以外开放，与行业企业、与社会市场密切结合，共同推进创造知识价值和实现知识价值的协同创新。

建设协同创新中心是高校实施协同创新战略的主要途径。"2011 计划"要求以高校为主体组建"2011 协同创新中心"，并提出了"培育组建"、"评审认定"、"绩效评价"的具体要求。协同创新中心是高校实施协同创新发展战略的基本载体，它打破高等院校的原有组织方式和管理体制机制，在一个综合体系中，以项目为中心组织协调校内外各种创新资源。协同创新中心为协同创新提供了基础性平台，但更重要的是完善相关管理体制和机制，以保障协同创新中心的高效运行。"协同创新中心的建立就是要在基本元素既定的条件下，通过改变元素之间的排列结构和相互作用，实现质变，大力提升高等学校的创新能力。"协同创新中心的组建、培育、认定与评估不仅体现在国家层面上，而且各级各类高校都应当结合地方经济社会发展的实际情况，建设不同类型、不同水平的协同创新中心。也就是说，建设协同创新中心不只是高水平大学的工作，所有高校都应当积极参与。只有这样，才能构建起更加完善的网家创新体系，也才能更有力地促进高等教育质量的整体提升。

第二节　高等教学质量保障建设的新课题

在高等教学大众化时代，多方利益相关者理应共同参与高等教学质量保障建设。与此同时，必须充分肯定高等院校在高等教学质量保障建设中的主体地位。在高等教学质量评估、保障或改进等任何一个环节，只有通过高等学校内部系统的运行，外部系统才能真正发挥作用。着眼未来，全社会对卓越高等教学质量的期待更高，在质量承诺、质量绩效、质量问责、质量经营和质量文化等方面，对以高等院校为主体的高等教学系统提出了一系列新的课题。

一、高等教学的质量承诺

在社会主义市场经济条件下，各行各业都在运用承诺制度。承诺制度是许下诺言、履行诺言和监督诺言的有机统一，是介于法律与道德之间、有效调节社会关系的重要机制。在高等教学大众化发展道路上，高等教学走出了高校"象牙塔"，与社会环境之间形成了水乳交融的生态关系。高校不只是政府的高校，也不只是校长的高校，而是全社会共同拥有的高校。高校应当向拥有高等教学的全体利益相关者做出有关持续提高教育质量的承诺，并努力履行之。

（一）社会主义市场经济与承诺

在人类社会的任何一个阶段，承诺都是一种重要的社会机制。但是，在社会主义市场经济条件下，承诺的重要性达到前所未由的高度，"商品经济带来了'承诺'，'承诺'推动了市场经济"。从形式上看，承诺是行为主体对主动或被动要求去完成的某项任务，做出有关：完成程度的口头或书而表达，即许下诺言的行为。作为一种社会制度，承诺或承诺制度的实质是由表达承诺、履行承诺、兑现承诺诸环节构成的一个完整的社会运行机制，是一个循环往复、螺旋式上升的过程。只有这样去理解，承诺才具有更强的社会行为意义。一般认为，市场经济是信用经济，而承诺是培育信用经济的基础，也是检验社会和个人信用水平的标尺。经过改革开放 40 多年的发展，我国已经初步建立起了相对完善的社会主义市场经济体系，承诺在经济和社会活动过程中的重要性日益明显，受到不同学科、不同领域的局度关注。

承诺是人力资源管理领域的重要范畴。企业之间的竞争是人才的竞争，能否留住人才是决定企业发展前景的需要变量。缘于此，组织承诺成为人力资源管理领域的研究热点。Buchamm 认为，组织承诺是个人对所属组织目标和价值观的认同，以及与组织联系的紧密程度。Porler&Mowday 将组织承诺理解为对组织目标和价值观的一种强烈的认同和接受，愿意为组织贡献自己的力量，愿意留在组织中。Wiener 认为，组织承诺是为了满足组织的利益，个体不断地被灌输和强调组织奉行的观念或规范的结果，是个体对组织目标和价值观的接受和内化。国内学者戚振江等认为，组织承诺是"对组织的一种承诺、责任和义务，源于对组织的认同和承诺，由此衍生出一定的态度或行为倾向"。组织承诺是员工基于对组织文化的认间而形成的一种与组织目标保持高度一致的内驱力，从而做出符合组织要求的行为选择。一般来讲，企业管理者都希望员工能够具有良好的组织承诺。学者们将组织承诺与工作绩效、退缩行为、留职意愿、离职倾向等变量的关系作为研究的热点问题。

承诺也是经济法领域的重要范畴。《中华人民共和国反垄断法》第四十五条规定：对反垄断执法机构调查的涉嫌垄断行为，被调查的经营者承诺在反垄断执法机构认可的期限内采取具体措施消除该行为后果的，反垄断执法机构可以决定中止调查。中止调查的决定应当载明被调查的经营者承诺的具体内容。反垄断执法机构决定中止调查的，应当对经营者履行承诺的情况进行监督。经营者履行承诺的，反垄断执法机构可以决定终止调查。《中华人民共和国国家审计准则》第二十一条规定：审计机关向被审计单位送达审计通知书时，应当书面要求被审计单位法定代表人和财务主管人员就与审计事项有关的会计资料的真实性、完整性和其他相关情况做出承诺。

承诺也是公共管理领域的重要范畴。以提高公共服务水平和社会满意度为目标，以提倡公众参与监督为手段，社会服务承诺制度于 20 世纪 90 年代在公共管理领域诞生。社会服务承诺制度通过公开承诺和社会监督形成社会要求履行契约的外部压力，从而实现服务水平和质量的持续改善。在行政行为中，行政承诺也是一个重要的现实问题。行政承诺是

"行政主体为实现行政管理的目的，以一定的方式，针对一定的相对人所做出的，为或不为某行为的行政行为"，根据瑕疵程度不同，行政承诺分为适法行政承诺、违法行政承诺和无效行政承诺。行政承诺具有较大的自由裁量权，从而增加了问题的复杂性。除了政府公共服务之外，还有大量的社会公共服务部门，都离不开承诺机制的作用。做出承诺是取信于公众的前提，而不折不扣地履行承诺是最终能否取信于公众的根本依据。

总之，在社会主义市场经济条件下，经济社会发展的各行各业都需要履行承诺制度。在一定意义上讲，承诺是介于法律与道德之间刚柔并济的社会机制，它具有自身的独特优势，从而对高等教学质量保障建设提供了有益的借鉴。

（二）高等教学质量承诺的内涵

质量承诺就是行为主体在提供某种产品或服务之前，面向社会公众做出的有关产品或服务将要达到的质量状态、行动策略和质量责任追究等方面的口头或书面承诺。在这里，"行为主体"包括生产性和服务性企业、政府部门、社会团体、社会机构和个人等。在社会主义市场经济条件下，不仅企业提供产品或服务，而且政府部门、高等院校都在向社会提供产品或服务。只要向社会公众提供产品或服务，就存在质量问题，也就形成了质量承诺问题。质量承诺兑现与否，一方面，部分地受到法律法规的控制，如企业提供的产品违背了质量承诺的底线即法律规定，则要追究其法律责任；另一方面，部分地受到道德舆论的调节，即使企业提供的产品没有违背质量承诺的底线，但确实违背了当初的质量承诺，也对人们的社会生活产生了负面影响，在这种情况下，道德舆论具有更强的调节作用。由此可见，质量承诺具有法律或道德单方面所不具有的综合优势。

与一般意义上质量承诺的内涵相一致，高等教学质量承诺就是高等教学利益相关者向社会公众做出的为不断提高高等教学将要达到的质量状态、拟将采取的行动策略和质量责任追究等方面的口头或书面许诺。高等教学质量体现在人才培养、科学研究、社会服务和文化传承创新多个方面，这也就构成了高等教学质量承诺的基本维度。在 21 世纪初，天津农学院就推行学生质量承诺制度，"通过教育教学改革，制订出该学生培养质量标准及培养年限，并于入学第一学期后与学生家长写出书面承诺，如达不到培养标准退还全部学费"。此举为高等教学质量承诺的制度化努力做出了重要探索与实践。高等教学为利益相关者共同拥有，质量承诺行为涉及所有的利益相关者。

首先，高校管理者的高等教学质量承诺。在谈到高等教学质量承诺时，人们往往首先想到的就是以校长为代表的高校管理者所做的质量承诺。尽管高校管理者只是众多利益相关者之一，但毫无疑问，他们是利益相关者中的首席，是实际的办学者，对高校办学和高等教学质量发挥着最重要、最直接的影响。其他利益相关者要真正有效地发挥对高等教学质量保障建设的作用，往往要通过高校管理者在中间发挥组织协调、平台搭建、机制创建的作用。高校管理者理应对学校在人才培养、科学研究、社会服务、文化传承创新等方面将要达到的质量水平，为实现目标计划要采用的行动策略以及违背质量承诺的责任追究等方面向其他利益相关者做出明确的质量承诺。这是高校管理规范化的要求，也是绩效考核的重要依据。在法律、制度和道德等多个层面形成对高校管理者管理行为的驱动力和约束力。

其次，政府部门的高等教学质量承诺。在我国，政府是高等教学的主要投资者和宏观管理者，对高等教学质量建设负有重要责任。各级教育行政部门应当做出有关高等教学质量的承诺，如确立高等教学质量保障建设的基本方针和相关政策、保障高等教学质量保障建设所需要的资源投入、检查高等教学质量保障建设资源的实际使用效益、建立利益相关者共同参与高等教学质量保障建设的平台和机制，等等。以美国为例，1993 年 3 月，美国国会通过国家质量承诺（National Quality Commitment）法案，鼓励美国大学秉持 TQM（全面质量管理）注重流程管理之重要精神，每年颁奖给在推广教育、内部管理及与产业合作等方面有卓越成效的大学。

再次，教育者的高等教学质量承诺。无论是人才培养，还是科学研究、社会服务或文化传承创新，高等教学质量保障建设的根本依靠力量是教育者。无论在哪个维度，教育者对高等教学质量保障建设的贡献主要体现在学术知识的生产和传承方面。在当前的学术评价制度引导下，教育者往往注重科学研究而轻视人才培养；在市场经济体制环境中，教育者往往注重具有社会服务价值的实用性知识而轻视具有学术价值的基础性知识。教育者的质量承诺应当将人才培养质量放在首位，再兼顾其他维度的质量承诺。

然后，学习者的高等教学质量承诺。我们反复强调，促进学习者发展是高等教学质量保障建设的核心。离开了学习者，根本无法理解高校之所以为高校。在高等教学大众化之后，学者呈现出前所未有的多样性，从而使学习者的知识基础参差不齐，增加了高等教学质量保障建设的难度。在传统思维中，人们往往忽视了学习者的质量承诺。事实上，高校的学习者是重要的质量建设力量。无论政府、高校管理者或教育者采取多么科学的措施，如果得不到学习者的认同，质量建设就难以取得成效。虽然大多数学习者都是积极上进、勤奋学习的，但也不难发现，还有大量学习者从高中进入大学之后，陷入了比较长时间的迷茫和困惑，产生了严重的学习倦怠。因此，学习者应当在进入高校之初就做出努力学习、不断提高的质量承诺。美国大学生荣誉承诺制度无疑就是一个很好的例证，荣誉制度是"美国大学生对学校的承制度，也是一种独特的学生自治制度，其实质是信任学生的道德感和责任感，让学生在学术事务或其他生活事务方面进行自我管理"。学习者为保持自我荣誉而对考试诚信做出承诺，同理，也可做出在学期间努力学习、提高质量的承诺。

最后，社会机构的高等教学质量承诺。当高等教学走到社会中心，高校已不能无视社会环境而孤立的办教育。长期以来，社会机构（除政府之外的企事业单位、社会团体等）直接消费高等教学产品而无视自身的生产责任。如此一来，高校与社会机构之间形成了冲突和矛盾。一方面，高校需要面向社会办学，需要通过校企合作、产学研结合等途径提高办学质量；另一方向，社会机构缺乏参与办学的积极性和驱动力。从发展的眼光审视，社会机构应当参与高等教学，应当做出高等教学质量承诺。这是高等教学的需要，也是社会发展的需要，更是社会机构履行公民责任的重要体现。

（三）高等教学质量承诺的机制

作为高等教学质量保障建设的一种机制创新，质量承诺并非只是一个关丁承诺内容的表达，而是一个连续性的系统机制，表达承诺、履行承诺和兑现承诺三者构成了一个完整的系统。表达承诺是承诺主体谋划质量建设的未来蓝图，并以一定程序和形式向内部和外部公众公开阐述质量承诺的具体内容，

包括高等教学质量保障建设目标、质量建设策略和质量建设考核与问责；履行承诺是将承诺内容落实到行动中去，切实提高高等教学质量的具体行动；兑现承诺是一个阶段结束后，对是否实现质量承诺进行的检查、评估与问责。一个阶段的结束正是下一个阶段的起点，如此循环往复，形成了一个闭环的高等教学质量承诺系统机制。

高等教学质量承诺系统机制运行的前提是主体的自主权。如果承诺的内容不是基于主体的自由意志，那么，承诺本身的合法性便受到质疑，承诺是否履行以及履行的效果就不能形成必然的道德或法律约束力。高等教学各方利益相关者在做出质量承诺时，必须拥有充分的自主权。政府部门、社会机构、教育者和学习者的自主权没有太大的疑问，高校管理者的自主权不仅是质量承诺系统机制运行的前提，也是建立和完善现代大学制度的关键。在计划经济时代，高校管理者往往是教育行政管理部门的延伸和代表，他们代表政府管理高校，所发出的声音往往是政府的意志而没有自由意志。2010 年 1 月 2 日，温家宝总理与来自科教文卫体各界代表座谈时指出："一所好的大学，在于有自己独特的灵魂，这就是独立的思考、自山的表达。千人一面、千篇一律，不可能出世界一流大学。大学必须有办学自主权"。学术界普遍认同："依法落实与扩大高校办学自主权，是建立中国特色现代大学制度的重要保证，是高等教学改革与发展的重大课题"。只有真正赋予高校管理者办学自主权，切实承担起高等教学质量保障建设责任，质量承诺系统机制才能真正发挥作用。

高等教学质量承诺系统机制运行的关键是履行承诺的证据公开。质量承诺系统机制体现为一个连续性的过程，是许诺、履行和兑现诸多环节的有机统一。作为高等教学质量保障建设的一个创新机制，绝非表演式的作秀，而要切切实实地发挥作用。要实现这样的目标，应当高度重视证据的作用，让证据说话。表达承诺不能仅仅停留在口头上，要落实到文本中，以持之有据。履行承诺也要有详细的证明材料，承诺是否兑现不需要承诺者的夸夸其谈，证据会告诉公众事实。在官僚主义文化还在某种程度上存在的情况下，公众往往不太相信承诺者的表白，甚至抱有抵触情绪。在这种形势下，承诺者的责任和义务只在于将履行承诺的证据公开，公众自然会做出自己的判断。

高等教学质量承诺系统机制运行的保障是法律制裁、行政控制与道德舆论。质量承诺的最终指向是质量改进，即高等教学质量的不断提高。各方利益相关者的质量承诺是否兑现，自然离不开评估环节。这不仅是对前一个阶段的总结，也是启动下一个阶段的可靠基

础。质量承诺完全兑现固然皆大欢喜，而对于没有兑现的质量承诺，则应当采取补救措施甚至追究相应责任。根据没有兑现部分质量承诺的性质和承诺者的主观能动性发挥程度，运用法律制裁、行政控制和道德舆论等多种手段予以调节，以保障高等教学质量承诺系统机制的运行进入一个良性循环过程。

二、高等教学的质量绩效

质量是一组特性满足需求的程度，而绩效是工作过程和结果的表现。高等教学质量与高等教学绩效既有联系也存区别。在高等教学质量保障建设过程中，既要通过质量管理实践提高教育质量，也要追求教育绩效的不断优化。高等教学质量绩效表征高等教学质量实践的绩效表现。高等教学当然要追求高质量，似这种高质量应当是高绩效的高质量。

（一）整合论视阈下的绩效与教育绩效

绩效乃是"绩"与"效"之总称。"绩"就是组织或个人在一个阶段性工作之后所取得的成绩或业绩，主要表现为目标的达成、职责的完成；"效"指效果或效益，体现为与组织或个人根本目标一致的有效结果。仅从同性来讲，如果说"绩"是中性的，那么，"效"就显然是具有主体价值属性的。绩效（Performance）最早进入管理科学的视野。"自20世纪80年代后期和90年代早期以来，绩效与绩效管理成为管理实践中一个非常流行的词语"。伴随着"新公共管理运动"的兴起，政府部门也开始引入私营部门的管理理念与方法，绩效管理被广泛推广。可以说，全社会所有的组织和个人都在追求绩效。尽管对"绩效"的内涵界定不尽一致，但是，大体有三种不同的类型：结果论、行为论、整合论。

"结果论"视绩效为工作过程的输出结果，即重视结果忽视过程。如伯纳丁（H.J.Bemadin）将"绩效"定义为"在特定的时间内、由特定的工作职能或活动所创造的产出或工作的结果"。③也有国内学者认为，绩效是指"从过程、生产和服务中获取的输出结果或成果，可以参照目标、标准、过去的结果和其他组织的情况评估和比较这些结果"绩效是"组织期望的结果，是组织为实现其目标而展现在不同层面上的有效输出"；绩效是"一个组织的成员完成某项任务，以及完成该项任务的效率与效能，是效率与效能的总和"。

"行为论"则视绩效为工作过程中的行为，即重视过程表现忽视结果。鲍尔曼（W.C.Borman）等将绩效区分为任务绩效（Task Performance）和关系绩效（Contextual Performance）两大类，前者指工作者在完成特定岗位职责的过程中，运用核心技术、能力所表现出的熟练程度；后者指工作者在服务于组织效能过程中，开展非核心技术活动如组织、社会和心理环境塑造等方面的熟练程度。行为论的绩效理解注重工作过程分析，鲍尔曼的研究将工作过程区分为完成中心任务的表现和服务于中心任务完成的表现。在英语中，Performance强调的是在完成某项特定任务的过程中的具体表现。在国外的教育评价理论中，Performance Assessment是一种测量学习者运用先前所获得的知识解决新异问题或完成具体任务能力的评价方法，Performance Assessment 在我国则译为"表现性评定"，是让学生通过实际任务来表现知识和技能成就的评价方法。尽管学术界普遍将 Performance 翻译为"绩效"，但是，应当认识到"表现"是其最为核心的内涵，而"表现"就体现为在过程中的一系列行为。

"整合论"则兼顾结果论和行为论，即既要结果也要过程。Bmmhrach 认为，绩效指"行为和结果。行为由从事工作的人表现出来，将工作任务付诸实施，行为不仅仅是结果的工具，行为本身也是结果，是为完成工作任务所付出的脑力劳动和体力的结果，并且能与结果分开进行判断"。在国内，有学者指出，绩效是"行为与结果的融合"。还有学者认为，绩效指"正在进行的某种活动或已经完成的某种活动，既可以看作是一个过程，也可以看作是该过程产生的结果"。过程与结果本身是一对矛盾，辩证的统一在一个完整的体系之中。既没有无过程的结果，也没无结果的过程。由于语言文化的差异，当我们看到"绩效"时，总倾向于将落脚点放在"效"字上，"效"所体现的主要是结果，至少在人们的印象中是这样。而"绩效"这一舶来的概念在西方所表达的主要是"表现"的概念，"表现"可以涵盖自起点、经历到终点的全过程，不仅有过程的"表现"也有结果的"表现"。只有从整合论的视角，才能真正完整地把握绩效这一概念的内涵，从时有助于对教育绩效的科学理解。

绩效及绩效管理思潮的盛行必然会进入教育管理者和研究者们的视野，二者的结合便产生了"教育绩效"这一概念。教育绩效就是"在一定教育目标的指导下，教育目标的实现程度、教育资源的配置状况和教育过程安排等情况的综合反映"。有学者将高等教学绩效界定为"高等教学系统或高等教学机构在一定时期内的投入、办学过程和产出等内容的多维建构"。简单地说，教育绩效就是教育的绩效，是教育过程某维度或整体在投入与产出方面的综合表现。与物质生产过程、其他公共性或私人性服务供给过程一样，教育过程为了获得某种产出也需要一定的投入。如前文的理解，绩效就是要考察某种作业过程的产出与投入之间的关系，只是要从更全面的视角来理解投入和产出，而教育过程的投入与产出比其他生产过程更具有复杂性。如果说物质生产过程的绩效还可以从财务报表中反映出来的话，那么，教育过程的绩效是很难完全地、直接地从这些数字中反映出来。当然，我们并不是说教育绩效考核不需要数据，恰恰相反，教育绩效必然要依靠数据说话，只是不能被数字所迷惑。这是由教育过程的特殊性决定的。有学者在探讨高校教师绩效考核和绩效工资时就指出："高校教师高人力资本特征和高校教师绩效评估的复杂特性等因素决定了绩效工资制度在高校缺乏实施的必要条件而难以全面推行"。因此，只由从过程与结果相统一的整合论视角出发，才能真正把握教育绩效这一概念的科学内涵，从而在实践上发挥出作用。

（二）高等教学质量绩效的内涵与价值

质量、绩效与质量绩效这三个概念紧密相关却有着重要差别。就质量而论，产品（即商品，尤其是物质性商品）质量是指产品的一组特性满足需求的程度。尽管全面质量管理思想将全过程纳入质量管理视野，但产品质量主要指向的是产品生产、流通、消费全过程的终端，是结果性的系统输出，即产出；尽管需求的满足往往是私人性的，但产品质量还是具有强烈的物质性和公共性，权力机构往往制定有严格的控制标准。也就是说，不同主体基本上能够对产品质量的高低做出相对一致的判定，产品质量只要达到国际、国家或地区质量标准，就能够得到公众认可。而绩效所表征的是投入与产出关系的系统性描述，产品生产绩效一般可以用产出与投入之间的数量关系来表达。概括地进，在产品生产领域，质量表征的是产出，绩效表征的是产出与投入的关系。高产出即高质量，未必能够得到高绩效；而低绩效，也可能会得到高质量。早在 20 世纪 80 年代，Garvin 最早进行质量绩效研究，提出质量的八个维度，将绩效作为考察质量的内容之一。一些学者的研究表明，质量管理实践（Quality Management Practices，QMP）对质量的提高最终能够优化企业绩效，如 Flyrni，SiU 等。但是，也有学者得出了不同的结论，如 Powell 发现，QMP 与企业绩效之间虽然是正向相关，但是二者之间的关系很弱，并非所由的质量措施都对质量绩效和企业绩效产生重要影响；Dow 等人也发现并非所有的QMP都会导致卓越的绩效。由此可见，质量与绩效有联系也有区别。质量绩效作为一个独立的概念，其内涵是质量过程的绩效表现，即质量本身的绩效。

将质量绩效概念引人高等教学领域，便产生高等教学质量保障建设中的质量绩效问题。高等教学质量和绩效的关系，与商品经济领域相比，既有共同性，也有特殊性。如果说产品质量侧重输出的结果是可以理解的，那么，高等教学质量必然是过程与结果的统一，二者不时偏颇；如果说产品质量具有鲜明的物质性和公共性，那么，高等教学质量则具有明显的精神性和个体性。也就是说，产品质量的判定可以依据物质产品本身做出，而高等教学质量则必需兼顾过程与结果，仅凭某次考试成绩做出的终结性评价往往将失偏颇。这也正是教育质量评价强调过程性评价或表现性评价的原因所在。表现性评价（Performance Assessment）与绩效（Performance）二者具有某种深刻的内在联系和一致性。如果说在产品质量领域，质量与绩效的界线还相对清晰的话，那么，在教育质量领域，质量与绩效已经变得相当混沌。就高等教学整体而言，质量绩效所包含的质量与绩效之间的矛盾依然存在。比如教育部直属高校自然代表着中国高等教学的高质量且彼此之间的质量差异较小，们是，彼此之间的绩效却存在着明显的差异。有课题组对全国 72 所教育部直属高校进行研究，结果显示，2012 年各直属高校之间绩效差异明显。其中，"绩效偏高"为 28 所，"绩效相当"为 16 所，"绩效偏低"为 28 所。因此，我们将"高等教学质量绩效"界定为高等教学利益相关者在运用教育资源开展质量建设的实践过程中所体现出来的绩效表现。

高等教学为什么要追求高绩效的高质量？高等教学过程同样是资源的投入与产出过程，只不过，无论是投入还是产出所包含的对象都比产品生产过程丰富得多。在资源稀缺的条件下，各个利益相关方都不能无限制地投入经济、人力、时间等资源于高等教学过程中。无论是政府，还是学习者都不得不考虑产出与投入之间的关系。广义的理解"资源"，可以说，只要高等教学拥有足够的资源，就会得到充分的有质量的产出。但是，在现实中，各个利益相关方都面临着自身的约束条件。怎么解决这一矛盾？出路就在于追求高绩效的高质量，而不是不考虑投入、不考虑绩效的、片面的高质量。党的十八大报告指出，要"创新行政管理方式，提高政府公信力和执行力，推进政府绩效管理"。《国家中长期教育改革和发展规划纲要（2010—2020年）》要求高校"改进管理模式，引入竞争机制，实行绩效评估，进行动态管理"；"完善学校目标管理和绩效管理机制"；"建立经费使用绩效评价制度，加强重大项目经费使用考评"。这就意味着，高等教学质量保障建设不能在提高质量的口号下不计绩效地办教育，反之亦然，即不能在优化绩效的口号下不计质量地办教育。高等教学质量保障建设的方向之一应当是，既要追求高质量，也要追求高绩效，即高绩效的高质量。

（三）高等教学质量绩效的评价与优化

高等教学发展方式已经从外延式发展向内涵式发展转变，国家政府、高等院校都在大力加强高等教学质量保障建设。但是，高质量的高等教学产出需要一定的教育资源投入。近年来，国家加大了高等学校质量工程建设的投入力度，质量建设经费不断增长，问题的焦点从经费不足转移到经费使用效率。在资源稀缺的约束条件下，质量建设经费不可能无限制的增长，质量建设的资源投入的绩效评价问题日益突出。"绩效评价是高等教学从数量发展向质量提升的时代要求，是高校提高公共经费使用效韦的现实需要，是世界高等教学评估的普遍趋势。"伴随着新公共管理运动的兴起，绩效评价日益成为各国重塑政府公共管理的基本手段，这一潮流和趋势自然被引入到高等教学领域。英国教育与科学部在1985年的绿皮书《20世纪90年代高等教学的发展》中提出：有效的管理不仅应当基于资源的有效利用（投入），也应基于取得结果的有效性（产出）。这意味着要开发和使用绩效测量方法……尽管高等教学绩效评价存在很大困难，但是如果政府要想实现控制公共支出和公共资源使用效益最大化的目标，就必须进行这样的努力。在高等教学质量保障建设领域引入质量绩效，要求对质量建设运行过程的绩效表现做出科学评价。"我国是穷国办大教育，更应积极开展高等教学绩效评价，这是建设效率高校、透明高校，推动高等教学改革和发展，建设高等教学强国的必然选择"。

美国早在20世纪70年代就开始对高等教学进行绩效评价，其基本做法就是由州政府通过建构一系列评价指标，对高等学校进行评估，根据高校不同表现予以拨款和奖励，目的在于提高高等教学的效率和效能，即绩效。进入新世纪之后，美国高等教学同样面临着质量的危机感。美国政府颁布了《高等教学行动计划》（Action Plan for Higher Education，APHE），以建立大学绩效评价系统，尽快提升美国高等教学的质量。指标是绩效评价的主要手段和实现方式，欧美国家不仅把计量数据作为指标，而且在发展绩效指标以及在指标基础上建立实用主义管理技术方面走在了前列。高等教学本身是一个庞大的系统，绩效评价涉及系统运行的多个方面，往往通过确定一些核心指标来开展评价。这些指标也就反映了高等教学系统的不同维度。有学者认为，教育绩效应当包含三个方面：一是教育目标（含区域教育目标和教育子目标）的制定及实现状况如何；二是为了实现教育目标，对教育资源进行了怎样的配置；三是为了实现教育目标，对教育活动过程进行了怎样的安排。高等教学质量绩效评价就是在提高高等教学质量的目标下，高等教学利益相关者或由其成立的特定机构对其在运用教育资源开展质量建设的实践过程中所体现出来的绩效表现做出科学诊断的过程。高等教学质量绩效评价不仅需要质性评价，也需要量化评价，将二者结合能够更加科学、全面地反映质量绩效状况。

高等教学质量绩效评价至少有两项基本功能：一是考核，二是诊断。考核的主要目的是实施奖惩，诊断的主要目的是绩效优化。比较而言，诊断功能更重要，因为高等教学质量保障建设过程是一个周而复始、循环往复的螺旋式上升过程，一旦启动，就没有绝对的终点。只有通过阶段性的质量绩效评价对质量建设过程中存在的问题进行系统地诊断，才能针对问题分析原因并找到解决问题的方案，从而实现高等教学质量绩效的持续优化。在种种资源约束条件下，缺少高绩效的高质量难以长久。换句话说，只有高绩效作为前提的高质量才能实现可持续的质量保障与改进。因此，高等教学质量绩效评价最重要的价值不在于考核及其奖惩而在于诊断及其优化。就现实来看，情况似乎恰恰相反，人们往往更关心绩效考核，而忽视了在绩效评价过程中对问题的诊断。高等教学质量改进与绩效优化都是高等教学发展的核心问题，促进两者的协调发展、良性互动无疑成为必然选择。

三、高等教学的质量问责

在经历高等教学大众化的快速发展期之后，提高质量成为发展高等教学的中心任务，各方利益相关者都对高等教学质量保障建设负有不可推卸的责任。当然，不同利益相关者所承担的责任存在着性质上的差别，如教育行政部门的行政责任、学校管理者的管理责任、教育者的专业责任、社会机构的公民责任，等等。尤其是学校管理者，作为高等教学资源的实际支配者和使用者，其管理行为直接影响到高等教学质量保障建设的成本与绩效。只有建立有效的质量问责机制，高等教学质量保障建设才能走上可持续的发展道路。

（一）高等教学质量问责的缘起与发展

"问责"（Accountability）首先是作为一个政治学术语，即行政问责，"主要指向的是一种确保权、责平衡，或权利与义务对等的行政制度与手段"。随着经济社会的发展，行政问责逐步扩张到整个公共管理领域。尤其是伴随着新公共管理理论的兴起，私营企业的管理思想与理论逐步被引入公共管理领域，问责作为一种制度设计获得了前所未有的发展。美国学者马丁·特罗（Tmow，Martin）将"问责"阐释为"教育组织按照法律和道德要求负责任地向他人汇报、解释、证明和回答教育资源如何使用，效果如何等问题的方式"。有学者认为，问责是一个多层面、多维度的概念，它"包含着对受托者职位和资格进行判断的能力责任，包含着掌权者对选民负责的政治责任，也包含着对公共利益负责的公共责任，还具有促使责任主体行为、决策、判断必须合乎道德和伦理标准的道德责任"。

问责向公共领域的延伸自然也包括了教育领域。1965 年，美国同会通过的《中小学教育法案》（Elementary and Secondary Education Act，ESEA）是美国现代教育问责制的起点。在这一阶段的教育问责主要关注的是学校规模、教学设施、办学条件等输入性因素。到 20 世纪 80 年代之后，美国教育发展的重心转移到对卓越教育的追求，教育问责的关注焦点也发生了明显的转向，即从"'输入'的问责转向'输出'的问责"，从注重教育投入的"过程问责"转向注重学生学业成就的"结果问责"，从"行政问责模式"转向"管理问责模式"。除美国以外，在其他西方发达国家中，教育问责同样成了一种普遍认可的教育管理模式。在国家层而上，加拿大联邦政府在 1989 年就设置了省教育厅长会议，着手设计绩效责任方案，实施教育绩效计划，如学校绩效指标计划（School Achievement Indicators Program，SAIP）和泛加拿大教育指标计划（Pan-Canadian Education Indicators Program，PCEIP）。在加拿大的各个省都建立了完备的教育问责机制，以大不列颠哥伦比亚省为例，其教育问责部门主要有系统绩效局、成就局和评量局，它们负责对全省教育系统进行监督、审查和改进。《学校问责框架 2002》是澳大利亚教育问责体制构建的基本政策。评价与问责署是负责教育问责的具体机构，是澳大利亚政策规划与问责司的一个分支机构，它由教育测量局、评价局、学校绩效局和系统绩效局四个部分组成。

自 20 世纪 80 年代以来，质量问责已经成为高等教学管理的重要方式。与过去关注公立高校的投入相比，这次改革更强调产出，因而被称为"新问责制（New Accountability）"。从世界范围来看，几乎每一个国家在高等教学大众化快速发展的时期，都必然会遭遇高等教学质量危机，社会上充满了对高等教学质量的不信任感。在有限公共财政的约束条件下，削减或调整高等教学财政支出的呼声越来越强烈，毕竟纳税人的钱需要用到纳税人认为更有价值的地方。在这种情势下，无论是高等院校还是管理高等教育的政府都需要对社会的质疑做出理性的回应，以表明高等教学领域的财政支出是有绩效的、是值得的，这需要一个合理的解释。因而，问责在高等教学领域便有了现实的生存土壤。问责本身不只是责任追究，更重要的是解释说明以及反思与改进。在国外，高等教学的新问责制主要有三种形式：绩效拨款（Performance Funding）、绩效预算 Performance Budgeting）和绩效报告（Performance Reporting）。绩效拨款是将一笔专项资金与公立"校的特定绩效指标直接挂钩；绩效预算是指政府在决定公立高校预算时将其绩效表现作为一个参考因素；绩效报告则是与预算分配没叙密切关系的定期报告制度，主要是通过绩效信息公开对高校形成激励。进入新世纪以后，英格兰高等教学基金委员会先后出台了财政备忘录、审计制度与单一会话问责制度。财政备忘录和审计制度通过绩效问责帮助和促使大学建立自身的风险管理体系，单一会话问责制度实施与风险评估相联系的简化的问责程序这些措施使英国高等教学问责机制更加完善与健全。在中国高等教学大众化快速发展过程中，教育质量问题同样备受关注，质量问责成为重要的发展趋势。《国家中长期教育改革和发展规划纲要（2010—2020 年）》强调，完善督导制度和监督问责机制，严格落实问责制。

主动接受和积极配合各级人大及其常委会对教育法律法规执行情况的监督检查以及司法机关的司法监督，建立健全层级监督机制，加强监察、审计等专门监督，强化社会监督。总之，顺应国际趋势和历史发展潮流，我同高等教学已经步入了强调质量问责的历史阶段。

（二）高等教学质量问责的目的与条件

当高等教学进入以质量提升为中心的内涵式发展阶段，高等教学的问责制主要就是质量问责。这不但要对责任主体是否达成质量目标进行问责，也要对质量主体完成质量目标的绩效进行问责。高等教学的科学发展不但要追求质量，更要追求有绩效的质量。以牺牲质量为代价去优化绩效或者以牺牲绩效为代价去提升质量都不是高等教学的科学发展观。从这个意义上讲，高等教学质量问责的目的主要有二：一是改进质量，二是优化绩效。

"问责"这一术语最直观的含义是"追究责任"。正是缘于这一直观的误读，责任主体往往不愿意提及问责，甚至谈"问责"而色变，但事实并非如此。一般将 Accountability 翻译为"问责"或"问责制"，但该术语在英文中本身就含有"报告"、"陈述"、"解释"或"说明"之意。质量问责就是通过质量主体对其所采取的各种质量实践措施的解释与说明，由质量评估方对质量过程进行诊断、评价以及提出改进建议，从而达到质量改进的目的。有学者指出，"建立教育问责制度的实践动因或根本动因不仅仅在于迫责，更重要的是通过问责制度建设来确定各主体的教育责任，提供一种确保各教育主体权责平衡或权利与义务对等的管理制度与手段，以引导'监督'激励各教育主体转变教育发展方式，最终达到提高教育质量、促进学生全面发展的目的"。从西方发达国家质量问责的实践同样可以看出，质量问责并非仅仅停留在对责任主体的责任考核和责任追究，更重要的是，完成质量过程的问题诊断与质量改进。以澳大利亚教育问责为例，其目的"并不仅仅局限于如何去'问'，最终目的在于通过'问'发现学校发展过程中存在的问题和不足之处，提出有针对性的改善措施和计划，最终提高教育绩效，提升学生素质"。

在实践上，要让高等教学质量问责制真正发挥出实效，应当满足以下几个条件：其一，责任清晰。既然要"问"责，那么，首要的是明确责任主体肩负着什么样的责任。"只自己责任明确了，高校才能向公众说明自己的责任，公众和相关部门也才能根据相应的责任来监督高校的管理"。责任若不明，"责"便无从"问"起。高等教学为众多利益相关者共同拥有，涉入其中的不同利益相关者对高等教学负有不同责任，如政府、高校管理者、教育者、学习者、企业、社区等。一般而论，高等教学质量问责主要是政府从外部对高校管理者的问责和高校管理者从内部对部门管理者、教育者的问责。依据相关法律法规，签订科学合理的《质量责任书》是最为可行的做法。其二，权责匹配。高等教学质量只能在高等教学管理和高等教育教学过程中牛成，无论是管理过程还是教学过程，都必然要求责任主体具有一定的资源控制能力，即权力。没有权力，责任无法履行；权力过大，也会适得其反。因此，高等教学质量问责应当合理赋权，让管理者和教育者分别获得与其责任相匹配的管理权和专业权。其三，证据充分。高等教学质量问责建立于问责主体对责任主体的责任履行情况进行准确把握的基础之上，没有对质量责任履行情况的全面考察，质量问责就失去了坚实可靠的基础。然而，对责任主休质量责任履行情况的掌握不应仅仅停留在秘书们的书面汇报材料或各种有计划的汇报会议上，时要尽可能全面地掌握责任履行情况的相关证据，让证据"说话"应当是质量问责的基本原则。因而，证据是高等教学质量问责的关键。从这个意义上讲，在质量问责的过程中，高校管理者和教育者等质量问责对象的责任是向问责主体提供真实可靠的证据，而不应将问责主体陷入"文山会海"之中。其四，评价科学。"责任明晰"是明确责任主体的质量责任，"证据充分"是准确反映质量主体的责任履行情况，"评价科学"环节的任务就是将前二者进行对比分析，然后做出有关质量问责的结论。要做到评价科学，一是坚持"以评促改，评建结合"的基本原则；二是要求评价者多元化，以尽力避免"主观偏见"；三是要求评价结论具体化、针对性强，力避泛泛而论。总之，高等教学的质量问责并非字面意义那样简单，在实施过程中必然需要多个环节的协调配合。只有满足这些基本条件，质量问责制度才能真正推动高等教学的质量建设。

（三）高等教学的内部质量问责与报告

在高等教学众多利益相关者中，由高校管理者、教育者、学习者构成的内部利益相关者无疑是高等教学质量保障建设的主导者。他们的责任履行情况不仅影响着高等教学质量，而且体现着高等教学质量。从问责主体来看，高等教学质量问责无外乎"他问"和"自问"两种类型，即外部问责和内部问责。外部问责是由外部利益相关者或其代表如政府部门、专业机构对高校履行质量承诺、完成质量责任的情况进行检查，高校负有对其解释说明的义务。外部问责"通常在某种程度上被认为是一种审议，为社会各方继续信任和支持学校提供依据，其重点是解释和评价，向外界阐明关于本领域的评价，说明院校有效地运用了资源，向其利益相关方进行汇报"。高等教学的持续发展需要各外部利益相关者的持续性支持。只有得到足够的教育资源，高等院校的质量建设才能走上健康的发展轨道。因而，高等院校完全应该向外部利益相关者做出质量履行的解释说明。但是，这种外部问责究竟能够对高等教学质量改进产生多大的效应？问责主体来自高校之外，以一种"外来者"的身份审视质量建设实践。尽管我们已经非常强调了证据在问责中的地位，但是，外来的问责主体还是难以准确地把握质量建设的全部事实与细节。如果外来的问责主体没有完整地把握事实，那就无法对问题做出准确的诊断，也就无法提出科学合理的改进对策。基于此，内部质量问责会越来越受到重视。

内部问责制度是"高校内部的问责休制，阐明高校如何有效地履行责任，如何对高校自身的活动进行有效的评价，并检验出高校在哪些地方需要改革，如何进行改革等"。如果说外部问责主要针对学校管理者进行办学整体质量的问责，那么，内部问责则以教学质量的改进为目标，主要关注教育者和学习者在保障学习者学习效果方面的质量行为，以及与此相关的教育者学术活动、学科专业建设、课程教材建设等学校内部质量控制的效果。

高等教学内部质量问责主要是由教育者主导的专业问责，也可能是从内部对学校管理者进行的管理问责。相对而言，内部质量问责的甄别功能较弱，主要着眼于质量改进，其在问题针对性方面的优势往往是外部质量问责无法比拟的。当然，这并不意味着外部质量问责没有意义。外部质量问责的"旁观者清"正好可以弥补内部质量问责的"当局者迷"，内部质量问责和外部质量问责是高等教学质量问责体系的两个重要组成部分。在传统的高等教学质量问责模式中，无论是政府部门对高校的行政问责，还是专业机构对高校的专业问责，都是典型的外部质量问责而相对忽视了内部质量问责的价值。因此，我们要更加强调高等院校的内部质量问责。

质量报告是外部利益相关者对高等院校内部质量问责的监督机制。高等教学是利益相关者共同拥有的高等教学，各方利益相关者都享有对高等教学的知情权，而高等院校则有责任和义务将内部质量问责相关信息以正规的渠道向社会披露。这是高等学校接受利益相关者监督的形式，也是接受利益相关者支持的渠道，更是提高学校知名度和打造学校品牌形象的方式。从国外高等教学绩效问责的实践来看，绩效报告已成为最受欢迎的绩效问责方式。除绩效报告外，不少国家还要求政府和高校公开年度报告，以及时反映高等教学的质量和绩效。国外高等学校年度报告的发展有两个共同特点：一是"年度报告是在财务报告的基础上发展而来，并增加了反映高校教学、科研、社会服务等绩效的非财务信息"；二是"年度报告披露形式正逐渐与企收年度报告趋同，相关财务信息的客观性必须经过注册会计师的审计"。

就我国的情况来看，2011年，教育部下发通知要求"985工程"高校公布"木科教学质量报告"。有学者认为，"以《质量报告》的形式回应社会问责，变被动接受问责为主动公开内情，接受社会评议和监督，是高等学校面对社会问责的理性选择"。2012年，《教育部关于全面提高高等教学质量的若干意见》要求，加强高校自我评估，健全校内质量保障体系，完善本科教学基本状态数据库，建立本科教学质量年度报告发布制度。2013年10月，教育部办公厅发文《关于普通高等学校编制发布2012年〈本科教学质量报告〉的通知》指出，"编制并发布本科教学质量报告，是开展自我评估、建立健全高等教学质量保障体系、完善信息公开制度的一项重要工作，是进一步增强社会责任意识、回应社会关切的重要体现，也是向社会展示学校风貌和办学特色、宣传办学理念和教学成果的重要途径"。该通知还明确了质量报告的基本内容，包括本科教育基本情况、师资与教学条件、教学建设与改革、质量保障体系、学生学习效果、特色发展和需要解决的问题。尽管目前的质量报告主要针对本科教学质量，没有完全涵盖高等教学质量的各个维度，但是，在高等教学质量问责与报告制度方面毕竟已经迈出了可喜的一步。

四、高等教学的质量经营

随着学校管理向学校经营的发展，高等教学的质量"经营"理念逐步被人们接受。管理主要是管理者运用计划、组织、协调、控制等行政手段对组织内部的人、财、物等资源进行合理配置，以实现组织既定发展目标；经营则强调运用市场机制从组织内部和外部获取发展资源并实现优化配置，以最大限度地提高组织效率和效益。当提高质量成为高等教学的中心任务时，高校经营应当突出质量中心地位，质量经营将成为高校发展的重要方向之一。

（一）从学校管理到学校经营

管理是人类社会的一项重要活动，是提高个人或组织效率与效益的重要方式。在教育领域，学校管理同样是保障教育教学秩序、提高教育教学质量与绩效的重要途径。从管理的内涵来看，周三多等人认为，管理就是"社会组织中，为了实现预期目标，以人为中心进行的协调活动"。徐东等人认为，管理就是"在一定社会活动中，一定的人或组织依据一定的权力，通过决策、计划、组织、协调和控制等职能活动来有效地获取、运用、协调人力、物力、财力和其他资源，从而达到预定目标的活动过程"。学校管理是管理者依据现有资源条件，为实现组织在当前一个阶段的发展目标时采取的一系列行动构成的连续性过程，它主要凭借决策、计划、组织、协调、控制等行政手段来实现，一般体现为内部、日常、微观的具体行动。

在计划经济时代，政府同时是各级各类学校的投资者、办学者和管理者。随着我国社会主义市场经济体制的建立和教育事业的快速发展，学校办学自主权进一步落实、学校产权结构日益多元化。在高等教学领域，出现了大量的民办高校、独立学院、中外合作举办的高校、不同学校联合举办的教育集团等。在新形势下，以校长为代表的学校管理者就不能再仅仅局限于政府所分配的教育资源来管理高校，而是要经营好高校。何谓学校经营？学校经营就是"学校组织从自身行为特征出发，以提高学校资源利用效率与效益为根本目的，以学校资源多层次优化配置、整合为基本途径，所实施的学校经营环境分析、学校经营思想的确立、学校经营目标确定、学校经营策略的选择以及学校经营操作方式等一系列的筹划、谋谋活动。"学校经营包括学校产品经营、学校资产经营、学校资本经营。从教育经济学的视角来看，教育过程同时也是资源的投入、使用与产出的过程。这并非简单地对经济学思想的移植，也并非要将教育等同于经济产业。事实上，教育的经济属性是显而易见的。只要人类社会面临着资源有限的约束条件，能够将有限的资源分配到高等教学领域的份额就必定是有限的。市场经济的发展已清晰地表明，尽管市场和计划都存其自身的局限性，位是，市场在资源配置方面具有的优势也是政府计划所不可代替的。政府不是全能的，政府对高等教学资源配置的计划手段并不能保证资源效益的最大化，这需要市场机制的辅助。学校经营是将学校作为一个独立的市场主体，主地运用市场机制来实现学校教育资源的最优配置和学校目标的价值最大化。这使得学校以拥有更灵活多样的方式，从社会环境中获取发展所需要的资源。"管理是对已有资源优化配置，提高使用效率；经营除此之外，还有从社会获取更多的资源。"这里的"已有"主要是指政府分配到学校的资源，学校管理者对这些"已有"的资源只拥有不完整的产权，他们更多的是代表政府进行管理。学校经营的目的就是要让学校管理者主动地获取外部资源，并充分利用社会环境条件使现有资源实现价值最大化的配置。有学者认为，学校管理"注重管理过程以实现教育目的为终极目标"，学校经营"注重资源的有效利用以达到教育目标的最大化。"

对于学校经营与学校管理二者的关系，存在着不同的认识。省的学者主张，学校管理是学校经营的具体实现途径，学校经营的"概念范围在某种程度上涵盖了原有的'学校管理'"，可谓包含论。还有学者主张，"经营"与"管理"旨趣不同，效用殊异，分则"两亏"，合则"双赢"，可谓并列论。应该说，学校管理与学校经营二者所强调的侧重点确实不同，用学校经营取代学校管理，或者用学校管理取代学校经营都是不可取的。在继续巩固和强化学校管理的基础上，注重学校经营、扩大资源总量、优化资源配置、实现价值最大化，无疑是学校发展的理性选择。

（二）从质量管理到质量经营

美国质量管理专家约瑟夫·莫西·朱兰（Joseph M.Jumn）博士指出：20世纪是效率的时代，21世纪是质量的世纪。由于市场经济的竞争性，质量最早受到企业的关注，加强产品质量管砰成为企业的核心工作。质量管理就是为实现组织质量目标而进行的管理活动。它是为了质的管理活动，也是从质量人手的管理活动。朱兰博士认为："要获得质量，最好从建立组织的'愿景'及方针和目标开始。目标向成果的转化（使质量得以实现）是通过管理过程来进行的，过程也就是产生预期成果的一系列活动。在质量管理活动中频繁地应用3个这样的管理过程，即质量计划、质量控制和质量改进。"这些过程也就是"朱兰三部曲"。1961年，美国通用电气公司的费根堡姆（A.V.Feigenbaiim）在《全面质量管理》一书中指出："全面质量管理是为了能够在最经济的水平上，在考虑到充分满足用户需求的条件下进行市场研究、设计、生产和服务，把企业各部门的研制质量、维持质量和提高质量的活动构成一体的有效体系。"全面质量管理以质量为核心，以全员参与为基础，目的在于提高产品质量和市场竞争力。

1979年，国际标准化组织（International Standards Organization，ISO）组织成立质量管理和质量保证技术委员会（TC176），专门负责制定质量管理和质量保证标准。在各国专家努力的基础上，国际标准化组织在1987年正式颁布了ISO9000系列标准（9000—9004）的第一版。国际标准化组织对9000族系列标准进行"有限修改"后，于1994年正式颁布实施ISO9000族系列标准，即94版。之后，2000年和2008年版本的ISO9000标准逐步进行修汀完善。质量管理体系认证就是由被授权的第三方认证机构，依据ISO9000族标准，对组织的质量管理体系进行审核、认可并颁发证书的活动。组织质量管理与认证不仅受到企业的青睐，同样引起了高等教学机构的兴趣。英国的伍尔弗汉普顿（Wolverhampton）大学就是这样一所ISO9000大学。伍尔弗汉普顿大学在获得认证推荐之后，英国标准协会于1994年6月花了4天时间对该大学进行了评估。1994年8月1

日，这所大学成为"英国，或许是全世界第一所整个学校获得 ISO9000 认证的大学"，其核心业务是"设计与传授学习经验，并提供研究与咨询服务"。伍尔弗汉普顿大学追求 ISO9000 的主要目的在于提供一个"在一个大型的（根据英国标准）、复杂的组织内，建立起一套合理记录追求全面质量的系统基础"。无论大学追求 ISO9000 认证究竟有多大的适切性，似是，伍尔弗汉普顿大学的努力无疑是高校强化质量管理的一个范例。

毋庸讳言，质量管理是管理理论与实践的一次巨大飞跃。随着时代的发展，质量经营的理念逐步被人们所接受。早在 1954 年，美国质量管理专家朱兰博士，在对日本企业首脑和中层干部讲学时就指出：质量管理是经营管理的重要组成部分。到 20 世纪 70 年代初，日本著名质量管理专家水野滋先生正式提出"质量经营"的概念。日本学者石川馨先生认为："全面质量管理是对经营的不断革新，质量经营就是把产品质量作为经营核心的一种管理。全面质量管理的本质是质量经营……重视质量经营，才是当今时代所要求的经营。"在 20 世纪 80 年代，全面质量管理理念风靡一时，进入 90 年代之后，企业界对局限于企业内部的全面质量管理在实践上所产生的效应并不满意。于是，"质量管理的视野已经从'工场'转向'市场'；从'符合标准'转向'顾客满意'；从减少波动转向降低成本，提高经济效益和整体绩效、竞争绩效；从着眼短期绩效转向注重长期发展；从组织单个个体扩展到所有相关方在内的整个质量链。质量管理已逐步上升到企业的战略和持续经营层面"。实践充分地证明，"质量经营是世界上经济发展最有效的经营管理模式"。就质量经营的内涵来讲，它是指"企业在整个生产经营范围内，以提高广义质量为中心，所开展的系统谋划及其管理的理论和方式"。简单地说，质量经营就是围绕提高质量为核心的质量型经营。在企业经营的利益与质量之间，可能会存在矛盾。一些短期的利益可能会导致质量的下降，质量的提升也可能会损害短期利益。传统的管理往往着眼于利润，而相对忽视质量。在质量管理的视野里，质量一般被视作管理的目的。但是，在质量经营的理念中，质量不仅是经营的目的，也是经营的资产。质量本身就是企业的资产，是企业可持续发展的基础。在管理领域的思想变革总是会影响到社会各个领域，这自然包括高等教学。

（三）高等教学质量经营理念

在任何一种社会经济形态里，管理都是社会最普遍、最重要的现象之一。位是，只有到了市场经济，经营才获得了显赫的社会地位。当社会中的个人或组织没有成为一个独立的市场主体时，它（或他）所需要考虑的只是执行或管理，而不是经营问题。但是，在社会主义市场经济条件下，从质量管理向质量经营发展成为必然。"与质量管理相比，质量经营在内部管理的基础上更注重外部市场的竞争、整个企业的持续发展，同时兼顾社会效益和生态效益。质量经营最终的目标是实现企业的卓越经营和发展，同时实现与外部市场、生态环境及整个社会的协同发展。"在一个质量主导的世纪里，即使是高等教学也同样面临着质量危机。"在市场经济和高等教学体制改革日益深化的背景下，基于高校竞争加剧、高校资金筹措困难的事实，高等教学质量尚要经营。"但是，高等院校的质量管理和质量经营都远远落后于企业领域，高校需要以企业为师、确立起质量经营理念。在相当于的历史时期里，高等教学机构深居"象牙塔"开展学术活动。学术自由、学术自治的原则使高校始终与社会保持着一定距离，高等教学质量属于高校内部事务，高校质量管理属于高校内部的封闭型管理。即使今日之高等教学已经走到了社会中心，与社会系统融为一体并且承担着多重社会功能，但是，传统上封闭型质量管理的模式与思维仍具有强大的生命力。"在诸多社会组织中，大学一直以理性和启蒙者的身份出现。但今天在质量管理问题上，大学却是一个地地道道的被蒙者，它的启蒙者就是企业。"因此，高等教学应当借鉴企业质量经营的成功经验，结合高等教学发展规律，开拓具有自身特色的高等教学质量经营理念与模式。

质量经营理念要求高等教学机构从面向内部的封闭型质量管理发展到面向利益相关者的开放型质量经营。高等教学质量经营指高等教学机构"以质量为经营中心，以学生、家长、社会等利益相关者的满意为目标，全员参与并与高等教学市场互动，通过高等教学质量创新和质量竞争获取长期竞争优势和最佳社会效益，实现可持续发展的经营理念和经营活动。"在质量经营概念中的"质量"属于广义质量，即美国著名质量管理专家菲根堡姆于1994年在欧洲质量组织第38届年会上提出的"大质量"。质量不只是局限在机构内部整体或部分，也不只是对某一标准的满足，而是涵盖了内部与外部多方利益相关者的多重需要，是一个综合性概念。"高等教学质量经营的价值取向是追求资源优化，提高可持续发展的竞争力"，"经营大学并非为了帮助大学盈利，其核心在于提升大学教育质量，提升大学办学水平，提升大学竞争力。"不同于企业，高等院校是非营利性教育机构。尽管我们认可高等教学具有一定的经济属性，但是，高校的公共产品属性是显而易见的。诚然，企业与高校的这种区分并非泾渭分明。营利性的企业也具有公益性，企业只存在满足公益件的前提下才能可持续性地获得利润以及自身的发展。高校也要进行财务核符，同样要考虑教育成本，但是，高校质量经营的最终目的并不直接反映在财务报表上，而是更广义的"大质量"尤其是学习者的发展水平。高校与企业的这种质的差异使其在导入质量经营理念时应当立足丁自身的实际情况。

高等教学质量经营是从企业领域引人的新理念，是高等教学质量保障建设的重要方向之一。但是，当前的高等教学质量经营才刚刚起步，诸多环境和条件还正处于不断的创造过程之中，前进之路任重而道远。高等院校是质量经营的重要主体。高校管理者需要从提高质量出发，对学校内部已有的和外部潜在的高等教学产品、资产和资本等进行系统整合和优化配置，以实现价值最大化，时价值最大化的根本体现就在于教育质量。要完成质量经营的相关活动，高校管理者必须具有足够的对经营对象的由处置权。"学校要实现有效的经营，其基本前提条件是必须对政府、市场、学校三者之间的关系进行重新定位。"这意味着，政府应当改变传统上高等教学投资者、办学者、管理者三合一的角色定位，从而建立现代学校制度，明晰学校产权，让学校真正成为能够自主进行质量经营的主体。尽管扩大和落实高校办学自主权已经成为近年来教育政策的重要内容，使其仍然是制约高校质量经营的重要瓶颈。

当我们主张将质量经营作为高等教学质量保障建设的重要方向的时候，并没打算摒弃或者削减质量管理的重要性的意图，质量管理仍然是高等教学质量保障建设的重要内容，只不过二者的着眼点不同罢了，其根本的指向是一致的。也就是说，高等教学质量既需要"经营"，也需要"管理"。"管理"是我们的传统，"经营"是新生之物，故大力提倡质量经营，如此而已。

五、高等教学的质量文化

高等教学质量保障建设不仅需要刚性的硬指标，更需要柔性的软实力。这种"软实力"主要就是指质量文化。"硬指标"往往是自上而下、由外而内地将各种指标和要求注入高等教学质量的建设过程，而"质量文化"则是自下而上、由内而外生长出种种高等教学质量保障建设的价值观、思维方式、制度规范和发展范式等。不同的行进路径各有其可取之处，两者不可偏废。唯有将两者协调配合，才能更有效地提高高等教学质量。

（一）高等教学质量文化的内涵阐释

对于"高等教学质量文化"有几种不同的理解：一是通过对广义文化概念进行演绎形成的"总和论"。在广义上，文化包括最外层的物质文化，如建筑物、设施设备等；中间层的制度文化，如各类规章制度、操作规范等；最核心的精神文化，如共同价值观、传统、信仰、惯例等。文化是质量文化的属概念，质量文化是高等教学质量文化的属概念。属概念包含着种概念，并且具有种概念的基本特征。因此，一种对"高等教学质量文化"的理解方式是将对文化的广义理解进行演绎，形成了"总和论"观点。如有学者提出，高等教学质量文化是"指高等学校在长期教育教学过程中，所形成的涉及质量空间的价值观念、规章制度、道德规范、环境意识及传统、习惯等'软件'的总和。"还有学者主张，高校质量文化是"高等学校在长期教育教学过程中，自觉形成的涉及质量空间的价值观念、规章制度、道德规范、环境意识及传统习惯等'软件'的总和。"

二是通过对狭义文化概念进行演绎形成的"行为模式论"。广义的文化概念似乎涵盖了所有方面，从而难以把握。狭义的文化概念主要指处于核心层的精神文化，意指对人们在社会活动过程中形成的共同价值观、精神信仰和行为模式。循此路径，学者们对"高等教学质量文化"的理解也就形成了"行为模式论"。如有学者认为，高等教学质量文化是"在独特的高校文化背景下，在长期的教育质量管理实践活动中，高校群体为实现高等教学质量发展目标而共同遵循或认可的以质量为核心的观念体系、思维方式和行为模式。"也有学者提出，高等教学质量文化指"大学在教育教学实践过程中深入人心的以质量为目标的价值认同和履行质量承诺的行为表征的统一，是大学保障教育质量的技术层面的可操作和文化层面的可认知的统一，是在大学内部群体一致认同的情境之下，上升到大学组织文化的层面，在大学内部凝结而成的一种'文化模式'。"还有学者指出，大学组织内部的质量文化是"以学生为核心的多重文化作用下的动态结构，它不仅是学术文化、产业服务文化、行政管理文化相互循环作用而形成的一种整合的'情境化'的场域，更是一种教师、学生和管理人员'心力'的场域。"

三是借鉴组织管理理论进行演绎形成的"组织文化论"。组织文化是组织管理理论中的重要范畴。如前文所述，高等教学质量保障建设的诸多核心思想和基本范畴都是源自经济管理领域，组织文化自然位列其中。企业是一种社会组织，高校也是一种社会组织。尽管二者具有本质上如营利与非营利的区别，但是，作为社会组织，二者又具有某种程度上的相似性。借鉴企业组织文化理论来理解高等教学质量文化也具有重要的启示意义。有学者提出，高等教学的质量文化大致可以理解为"关于高等教学的质量价值观念和质量行为规范的集合"，"在高校内部主要体现为全体师生员工对于'质量很重要'这一信条达成共识后所形成的学风、教风或办学的传统，属于校园文化或大学文化的重要组成部分；在高校之外，高等教学的质量文化主要体现为政府和其他社会组织对于高校办学水平变化的敏感性以及对于高等教学质量问题重视或不重视的态度及相应的政策倾向，属于社会资本或文化资本的范围。"欧洲"高等教学机构质量文化检测工程"把质量文化定义为"一种致力于永久性提高质量的组织文化，质量文化包括两个不同的要素：一个是文化/心理要素，如关于质量的共享的价值观、信仰、期望和承诺；一个是结构/管理要素，如增强质量的程序，协调个人行动的目标。"

综上所述，高等教学质量文化指高等教学利益相关者尤其是高校内部利益相关者在参与高等教学活动过程中，基于对高等教学质量诸多范畴的共同理解，形成的具有鲜明院校特色、利益相关者共享、持续追求高质量的高等教学文化。

（二）高等教学质量文化的实践价值

提高高等教学质量、促进人和社会的全面发展是高等教育质量建设的根本目的。从这个意义上讲，质量文化是高等教学质量保障建设的重要手段。应该说，自高等教学诞生起，质量都是其重要内容。但是，在精英高等教学阶段，高等教学发展的主要矛盾是数量不足；只有到了大众化高等教学阶段，高等教学发展的主要矛盾才转向质量不高。自改革开放以来，尤其是进入21世纪后，我国政府也推行了一系列政策来推动高等教学质量保障建设，如本科教学水平评估。众所周知，新世纪的首轮本科教学水平评估毁誉参半。首轮本科教学水平评估由政府主导，制定了一套评估指标，以此评估全同具有如此多样性的本科高校。高校只有无奈地"迎接"评估，"迎接"过程中乱象频出。而在评估之后，不但难以达到预期目标，反而由于"迎接"评估给高校留下一大堆"后遗症"。

以新世纪首轮本科教学水平评估为代表，传统的高等教学质量保障建设思路可归结为一种政府主导、由外而内、自上而下的外生型模式，而高校本身对质量建设的内需不足、行动无力，其结果必然落入应付上级检查的地步。有学者指出，"高校质量亟需形成一种'软'约束，而这种所谓的'软'约束，实质上就是一种高校内部质量文化的形成，也就是说高校质量建设更需要文化引领，并通过文化的力量使高等教学的质量保障从一种被动的外部要求规约，转变为一种主动的内部需求动机。"高校不同于企业，企业以产品为核心、以盈利为目的，而高校是以人为核心、以提高人才培养质量为目的。因而不能完全套用企业质量标准建设的思路，高等教学质量管理不是一个简单的技术问题，它更多的是一种文化实践。建设高等教学质量文化对于提高高等教学质量而言，具有更加显著的重要意义，因为高等教学的教育者和学习者都是"人"而非"物"。高等教学质量文化"实际上是把质量管理的本质及理念从单纯的、狭义的质量硬性管理转变为广义的、软硬兼施的、偏重于软的管理系统。它对质量管理核心的认识已从'个体'发展到'整体'，力图塑造的是全部的工作质量与形象，是以内为主，兼顾外部的利益系统；已从'物'发展到'人'，并从'个体的人'发展到'整体的人'，从简单、片面、粗浅的人发展到复杂、全面的人的管理。"

质量文化体现了以人为本的高等教学发展理念，是高等教学质量保障建设路径的重要转向。不同于传统上外生型质量建设模式，质量文化突出了高校的主体地位，是一种高校主导、由内而外、自下而上的内生型质量建设路径。这一路径转向是对传统质量建设模式深刻反思之后的理性选择，代表着未来高等教学质量保障建设的重要方向。当然，并不因此而否认外生型质量建设模式。从我国国情出发，政府、社会等外部因素和显性指标对高校质量建设的刺激、引导和激励是必不可少的。更理想的模式，当然是外部因素与内部因素、战性指标与质量文化的协调配合与良性互动。只是在当前阶段，大力培育高校内部质量文化对于提高高等教学质量而言具有更加重要的实践价值。

（三）高等教学质量文化的国际经验

质量文化是欧洲高等教学质量保障的重要举措之一，"质量保障机制可以通过推行质量文化来保障和提高教育质量，这是最有效的途径。"2009 年 7 月，第二届世界高等教学大会通过了题为《高等教学与研究在促进社会变革与发展中的新动力》大会公报，指出"质量保障是当前高等教学至关重要的任务，必然涉及所有利益相关方。质量保障不仅要求建立质量保障体系和评价模式，而且要求促进机构内部质量文化的发展。"

欧洲大学联合会（The European University Association，即 EUA）是欧洲高等教学质量文化建设的重要引领者。2001 年 3 月，300 多所欧洲高等教学机构的代表汇聚西班牙萨拉曼卡市召开首届欧洲大学联合会大会，对于"质量是欧洲高等教学具有可信任性、相关性、灵活性、兼容性和吸引力的基础条件"达成共识。欧洲大学联合会于 2002—2006 年实施了"质量文化项目（The Quality Culture Project）"，以在高校内部建立质量文化保障系统、强化学校的质量责任为核心。该项目将 134 所高校分成 18 组实施调研，在四年之中分三轮完成，形成了三份调研报告，得出了一系列有价值的结论。质量文化项目致力于在高校内部开发和植入一种具有系统性和融贯性的质量文化，通过增加欧洲高等教学的透明度和吸引力以达成博洛尼亚进程制定的一般目标。它确实大大地增加了高校开发内部质量文化和引人内部质量管理的意识。传统上的"质量"通常传达了一个技术官僚术语和自上而下的方法，这对于学术机构来讲，往往适得其反。"质量文化"表达的是高校共同体共享的价值和集体的责任，包括学生和管理人员。自 2009 年 10 月至 2012 年 2 月，欧洲大学联合会实施"高等教学机构质量文化检查项目（Examining Quality Culture in Higher Education Institutions）"。该项目的目标：（1）确认高校内部质量保障过程，尤其关注高校如何执行《欧洲质量保障指导与标准》以实现内部质量保障；（2）讨论机构质量文化开发与质量保障过程之间的动态性，在最终报告中识别和展示成功案例并大力宣传。该项目的执行分两个阶段完成，分别于 2010 年 11 月和 2011 年 9 月形成两份阶段性调研报告，在 2012 年 2 月完成了最终报告。

英国是欧洲高等教学的典型代表。在整合"质量评估委员会"和"高等教学质量委员会"的基础上，1997 年 3 月，英国正式成立"高等教学质量保障署"（The Quality Assurance Agency for Higher Education，简称 QAA），负责对全英高等学校提供统一的综合质量保证服务，向学习者、家长和社会相关人员保证高等教学质量。不同于欧洲大陆高等教学质量保障的政府主导模式和美国专门机构及民间组织主导模式，英国高等教学质量保障强调大学自我负责，高校是高等教学质量保障建设的首要主体。在 2003 年《格拉茨宣言》（Graz Declaration）的影响下，英国高等教学将建设适合高校发展的质量文化作为质量保障的基础性事务，"大学质量文化建设成为激发大学教育活力，保障大学教育质量的新理念"。

欧洲是中世纪大学的诞生地，也是现代大学的发源地。欧洲高等教学质量保障建设的当代发展历程表明，由硬性的质量指标主导的外部质量保障体系具有内在的局限性，立足高等教学机构开发内部质量保障体系的质量文化建设尤为迫切。这对当前我国高等教学质量保障建设具有重要启示。

（四）高等教学质量文化的建设思路

1. 全人员质量文化建设

利益相关者共同拥有高等教学，理应由利益相关者共同建设高等教学质量文化。但是，利益相关者群体构成复杂，各个利益相关者与共同利益的亲疏有别。当高校成为一个独立法人并享有充分办学自主权之后，内部利益相关者（管理者、教育者、学习者、职员）对质量文化建设肩负着首要的责任。目前，教育者和学习者还没有充分认识到"质量是重要的"并有效地落实到行动上，职员更是将自己置身于质量文化之外，质量文化建设往往停留在学校的"高层"而没有落实到"基层"，其实效性可想而知。事实上，只有教育者、学习者、职员等真正参与进来，具有院校特色的质量文化才能逐步生成。就学习者而言，高等教学质量主要是通过学习者的学习成就体现出来，应当培育"以学习者为中心的质量文化，吸引学生参与大学教育质量保障，并提高其对自身的自治性学进行自我反思的能力"。就教育者而言，教育者是学习者发展的导师，高校应当建立教学质量文化，提高全体教育者的质量意识，不断提高教学质量。当前的教育者评价制度存在强调科研、弱化教学的导向性，教育者往往热衷科学研究而无心教书育人。实际上，"高校的教师做研究，要更多地从事教学研究、育人规律的探索，要把教学育人里边的学问研究清楚。"总之，质量文化建设仅仅停留在校长办公会是毫无意义的，必须要深入到教育者、学习者和职员中去。

2. 全方面质量文化建设

提高质量是高等教学质量文化建设的逻辑起点和最终落脚点。高等教学质量是高等教学服务所具有的特性能够满足利益相关者需求均衡解的程度，它包括高等教学机构在人才培养、科学研究、社会服务和文化传承创新等多个方面所提供的服务与利益相关者需求均衡解之间的匹配程度。尽管高等教学机构的根本任务是培养人才，但是，现代高等教学承担着多重职能。无论是重点高校还是普通高校，都同时肩负着人才培养、科学研究、社会服务和文化传承创新的使命，质量文化的体现应当是全方面的。当然，研究型、研究教学型、教学研究型、教学型等不同高校的质量文化建设又不能在这叫大职能方面平均用力，而应当根据自身发展定位区别对待。

3. 全层次质量文化建设

质量文化是高等教学质量保障建设的灵魂，其本身由不同层次构成。"最外层是由实物质量和服务质量所构成的物质文化，中间层是高校质量控制的制度文化，最内层是高校质量管理的精神文化。"物质层次的质量文化是利益相关者从学校建筑、园林绿化、教学设施、后勤服务、机关作风、社会品牌等方面可以直接感知到的"质量至上"的文化气息。制度层次的质量文化是将利益相关者对高等教学质量保障建设的意识与观念进行物化而形成的各种带有一定程度规范性、强制性或指导性的管理制度。精神层次的质量文化是在高校办学宗旨、办学理念、管理哲学、教育者教风、学习者学风等方面体现出的重视质量的人文精神。物质层次、制度层次、精神层次三者密不可分、相互作用、相互影响，共同构成了高等教学质量文化的完整体系。只有从三个层次进行全层次质量文化建设，方可取得实效并实现长效。

4. 全过程质量文化建设

教育是以促进人的发展为中心组织起来的一系列活动构成的连续性过程。进入高等教学机构的每一个学习者都要经历一个持续三年或四年的过程，对于高校而言，这个过程一般来说只有起点而没有终点。质量文化只能在这样的"过程"中孕育、诞生并不断成长。质量文化无论体现在物质层次，还是精神层次或者制度层次，最终都体现在对利益相关者行为方式的影响上来。特定质量文化主要体现在利益相关者尤其是内部利益相关者集体共享某种彰显质量意识的行为方式。这种"行为方式"不是戏剧表演，更不是"东施效颦"，因为那样只会丑态百出。它既深入到共同体成员的精神层面，又外显于共同体成员的言行举止之中。它只能是生长出来的，而生长的过程也就是质量文化的建设过程。因此，质量文化建设不能只是"重要"领导的一次"重要"讲话，也不能只是一次"重要"会议或一份"重要"文件，而是体现为一个在时间上具有连续性的过程。只有经过长时期的培育，具有院校特色的质量文化才能真正扎根、发芽、开花、结果。

参考文献

[1] 陈玉琨等 . 高等教育质量保障体系概论 [M]. 北京：北京师范大学出版社，2004.

[2] 董泽芳 . 高等教育的生命线 高等教育质量的理论与实践问题研究 [M]. 武汉：武汉大学出版社，2009.

[3] 韩映雄 . 高等教育质量研究 基于利益关系人的分析 [M]. 上海：上海科技教育出版社，2003.

[4] 侯小兵，张继华 . 理解与行动高等教育质量建设研究 [M]. 成都：四川人民出版社，2015.

[5] 胡子祥 . 学生参与高等教育质量评估机制研究 [M]. 成都：西南交通大学出版社，2015.

[6] 湖南大学教育科学研究院 . 高等教育质量省级监控体系研究 [M]. 长沙：湖南大学出版社，2012.

[7] 蒋冀骋，徐超富等 . 大众化条件下高等教育质量保障体系研究 [M]. 长沙：湖南师范大学出版社，2008.

[8] 钱军平 . 中国高等教育质量保障体系核心问题研究 [M]. 成都：西南交通大学出版社，2011.

[9] 史秋衡 . 中国特色高等教育质量评估体系的范式研究 [M]. 广州：广东高等教育出版社，2011.

[10] 田恩舜 . 高等教育质量保证模式研究 [M]. 北京：中国海洋大学出版社，2007.

[11] 王建华 . 多视角的高等教育质量管理 [M]. 广州：广东高等教育出版社，2010.

[12] 吴宝贵 . 高等教育质量管理研究 [M]. 北京：经济科学出版社，2012.

[13] 阳荣威，陆启越，邹作鹏 . 比较视域下的高等教育质量保障研究 [M]. 长沙：湖南大学出版社，2016.

[14] 余小波 . 高等教育质量的社会调节机制研究 [M]. 长沙：湖南大学出版社，2014.

[15] 周廷勇 . 高等教育质量观：生成与变迁 [M]. 北京：北京出版社，2007.

[16] 周英 . 高等教育质量：改革·创新·发展 [M]. 北京：煤炭工业出版社，2007.

[17] 朱永林 . 高等教育质量控制的研究 [M]. 哈尔滨：东北林业大学出版社，2005.